Relacionamento — você tem certeza de que quer um?

Por Simone Milasas e Brendon Watt

Relacionamento — você tem certeza de que quer um?

Copyright © 2019 Simone Milasas & Brendon Watt

Todos os direitos reservados. Impresso nos Estados Unidos. Nenhuma parte desta publicação pode ser usada, reproduzida, traduzida, armazenada em sistema de recuperação ou transmitida, de qualquer forma ou por qualquer meio - eletrônico, mecânico, fotocópia, gravação ou outro tipo -, sem autorização prévia, por escrito, da editora, exceto para citações breves de passagens do livro.

ISBN: 978-1-63493-222-6 (trade paperback)
ISBN: 978-1-63493-223-3 (ebook)

Para perguntas, por favor entre em contato com:
Access Consciousness Publishing
406 Present Street
Stafford, TX 77477 USA
accessconsciousnesspublishing.com

Alguns dos nomes e detalhes nas histórias neste livro foram alterados para proteger a privacidade dos envolvidos. Os autores e a editora do livro não reivindicam ou garantem nenhum resultado físico, mental, emocional, espiritual ou financeiro. Todos os produtos, serviços e informações fornecidas pelos autores são somente para propósitos de educação geral e entretenimento. A informação fornecida aqui não substitui, de forma alguma, orientações médicas. Caso use qualquer informação contida neste livro para você mesmo, os autores e a editora não assumem nenhuma responsabilidade por suas ações.

"Não busque por o que vai fazer você feliz. Seja feliz simplesmente pela diversão disso."

Gary Douglas

Prefácio

Os autores deste livro, Simone Milasas e Brendon Watt, são duas das pessoas mais corajosas que conheço e têm um relacionamento que diz respeito à criação e contribuição contínua de um para o outro e para o mundo ao redor deles.

O que eles estão criando e falando neste livro não é normal. Então, se você está procurando por mais um livro para lhe dizer o que vem fazendo de errado e o que precisa fazer para ter o relacionamento perfeito, este não é o livro para você.

Mas se, algum dia, você se perguntou como seria ter um relacionamento com um parceiro, com seus amigos ou com você mesmo que permitisse que você criasse mais possibilidades em todas as áreas da sua vida, então este pode ser o livro que convida você para realmente ter isso.

Brendon e Simone estiveram dispostos a olhar para todos os aspectos de si mesmos e do relacionamento deles e têm a vulnerabilidade de compartilhar tudo isso com você neste livro. Eu não vi muitos relacionamentos que realmente funcionam, muito menos um relacionamento que eu admire e, mesmo assim, o que eles estão criando é tudo isso e muito mais.

Sinto-me honrada por ser amigas deles e sou continuamente inspirada pelo que eles me mostraram ser realmente possível em um relacionamento onde o verdadeiro cuidado, a gratidão e a criação são o ponto de partida para ter mais. Eu sou muito mais por isso. Eu estou empoderada a escolher algo completamente diferente por causa disso. E, depois de ler este livro, aposto que você também estará.

Emily Evans Russell

Table of Contents

Introdução

Muitas pessoas acreditam que a felicidade delas depende de estarem em um relacionamento.

Na verdade, você não precisa estar em um relacionamento com outra pessoa para ser feliz. Você pode simplesmente escolher acordar feliz todos os dias.

O relacionamento não é a fonte para criar sua vida. Você é a fonte da criação. Você é o catalisador da mudança. Você é quem pode criar a vida que verdadeiramente deseja e você é quem criou sua vida como ela é atualmente.

Se você gostaria de ter um ótimo relacionamento, quer seja com alguém ou com você mesmo e não foi capaz de criá-lo até agora, não desista.

E se você fizesse uma demanda de si mesmo e um pedido ao universo para começar a fazer escolhas diferentes? Pare de se julgar. Não importa onde você esteja agora, as coisas podem mudar.

No passado, nós dois tivemos relacionamentos que foram muito ruins e até mesmo abusivos de maneiras diferentes. Então, quando nos conhecemos, nenhum de nós estava disposto a ter um relacionamento que não funcionasse. Comprometemo-nos a utilizar as ferramentas de Access Consciousness® todas as vezes que ficávamos presos. Nem sempre foi a coisa mais fácil a se fazer. Algumas das ferramentas nos deixavam bastante desconfortáveis, mesmo assim as usamos para criar um relacionamento fenomenal.

Para nós, relacionamento não diz respeito à segurança ou proteção. Para nós, relacionamento se trata de gentileza e cuidado, sempre empoderando a outra pessoa a ser maior, mesmo que isso signifique que talvez ela lhe deixe!

Um relacionamento não precisa ser para sempre. Todo dia é um novo dia. Todos os dias se trata do que podemos escolher hoje e o que podemos criar juntos?

Nós não dizemos que temos razão - porque não temos. Temos as ferramentas de Access Consciousness® e as usamos para criar possibilidades mais grandiosas e mais intimidade a cada dia.

Este livro é sobre a pragmática do relacionamento e como um relacionamento pode realmente funcionar a seu favor. Ele é escrito a partir de nossas perspectivas para que você possa ter o ponto de vista de um homem e o ponto de vista de uma mulher sobre estar em um relacionamento.

Se você está procurando uma resposta, desculpe. Não há resposta.

Nós não falamos muito sobre amor e romance. Oferecemos muitas ferramentas e perguntas que você pode usar todos os dias. Por favor, saiba que não importa o quanto você relute em usar as ferramentas deste livro, elas funcionarão.

Relacionamento nem sempre é fácil e, por isso, queríamos colocar tudo na mesa e falar sobre tudo o que somos e fizemos: toda a alegria, toda a potência, toda a frustração. Estamos dispostos a fazer isso como um convite para as pessoas serem fiéis a si mesmas.

Você é um dos mais corajosos. Você abriu este livro, então pegue o que puder dele e, por favor, divirta-se com ele e aproveite seu relacionamento!

Simone & Brendon

P.S. Este livro foi escrito no Inglês da Rainha. Nós somos australianos, apesar de tudo!

PARTE UM
RELACIONAMENTO
FEITO DIFERENTE

CAPÍTULO 1

Pensei que ficaria solteira para sempre

Simone

Quantos relacionamentos bons você vê por aí? Não quero dizer relacionamentos duradouros. Estou falando de relacionamentos carinhosos em que um empodera o outro para ser o melhor possível - se você for honesto, não há muitos assim.

Isso era algo que eu sabia bem, quando era para escolher relacionamentos ruins, eu não era diferente de ninguém. No passado, eu era bem conhecida por namorar homens que julgavam a mim e ao meu corpo. Essa energia combinava com os julgamentos que eu tinha de mim. Então, se esses homens julgassem a mim e ao meu corpo, nossos julgamentos seriam o par perfeito!

Eu também não estava disposta a ser vulnerável o suficiente para admitir que bondade e carinho existem neste planeta. Então, por anos e anos, eu me recusei a ter um relacionamento.

Foi fácil justificar essa decisão porque, olhando em volta, não via bons relacionamentos. Então, por que eu escolheria um?

Em algum lugar no meu universo, eu esperava ficar solteira pelo resto da minha vida.

Meu desejo era criar algo que tivesse impacto no planeta e mudasse a forma como as pessoas percebem e julgam umas às outras. Já que eu amava viajar pelo mundo, pensei em ter meu próprio negócio, pois considero negócios a coisa mais divertida e criativa que se pode fazer.

Viagens e negócios eram as duas coisas na vida que eu mais desejava desde a minha juventude. Definitivamente, *não* queria me casar e ter filhos; isso parecia muito difícil. Nunca entendi como se pode olhar para alguém e dizer: "Eu gostaria de estar com você daqui a 20 anos, daqui a 50 anos". Você nem sabe se vai morar no mesmo país em 20 anos!

Meu ponto de vista incontestável era: "Eu não vou me relacionar - nunca".

Você pode ouvir a pergunta nessa declaração? Não, porque não há uma; é uma conclusão total e completa. Toda conclusão é uma limitação enorme. Sempre que você tem uma conclusão sobre algo, você corta possibilidades infinitas de sua vida.

Deixe-me lhe dar um exemplo. Se alguém tem a conclusão de que é estritamente vegetariano, está criando um mundo sem escolha. Eu não estou dizendo que essa pessoa tem que comer carne. Se você é vegetariano por escolha, todo dia você diria: "Eu prefiro não comer carne hoje. Eu prefiro ser vegetariano".

É uma nova escolha que você faz todos os dias. Você não come carne, mas não a eliminou como uma possibilidade no menu de escolhas disponíveis para você.

Da mesma forma, escolher estar ou não em um relacionamento permite possibilidades mais grandiosas em sua vida.

Ao dizer: "Eu nunca vou ter um relacionamento", eu havia eliminado a escolha de ter um ótimo relacionamento, um relacionamento nutritivo e um relacionamento empoderador.

Agora, eu não tinha percebido que estava funcionando na não escolha até o dia em que tive uma conversa com o fundador do Access

Consciousness®, Gary Douglas. Eu estava conversando com ele sobre querer fazer sexo com alguém que ambos conhecíamos.

A resposta de Gary foi: "Ele é malvado e ele vai te julgar".

Eu respondi: "Não, ele é fofo e é incrível".

Embora não fosse cognitivo, esse homem validaria tudo o que eu já havia decidido que estava errado sobre mim. Ele era alguém que julgaria a mim e ao meu corpo da mesma maneira que eu fazia. Esse era exatamente o tipo de pessoa com quem eu escolhia ficar todas as vezes, sem pensar no motivo pelo qual escolhi esse tipo de homem.

Gary ficava me fazendo perguntas sobre esse homem com quem eu queria fazer sexo e quanto mais perguntas ele fazia, mais rabugenta e mais petulante eu ficava.

Finalmente, coloquei minhas mãos nos meus quadris e disse: "Ótimo! Então eu nunca mais vou fazer sexo de novo?"

"Por que você diz isso?", Gary respondeu.

Ele foi e fez uma lista com três pessoas que ele disse que estariam ansiosos para fazer sexo comigo. Dei de ombros porque eles nunca tinham passado pela minha cabeça.

Mais tarde, descobri que meu ponto de vista era o de que qualquer um que estivesse ansioso para fazer sexo comigo deveria ser um perdedor. O próprio fato de que eles queriam fazer sexo comigo, eu já tinha decidido, não era atraente. Isso soa familiar?

Se alguém *não* quisesse fazer sexo comigo e, especialmente, se fosse julgador, eu os considerava vencedores. Havia um terceiro grupo de pessoas, os "não contam". Eles eram homens que não me cobiçavam ou resistiam a mim. Eles simplesmente não contavam.

Em algum momento, criei essas categorias em minha mente e coloquei automaticamente os homens que conheci nelas. Estranhamente, isso não foi algo que fiz cognitivamente. Não me baseei em quão bem-sucedidos eles eram, em sua aparência e características ou em nada assim.

Então, Gary disse: "Em vez de querer fazer sexo com essa outra pessoa, você deveria dormir com o Brendon".

"O quê? Por quê?" Eu disse.

Gary respondeu: "Pois você descobrirá como é estar com alguém que é gentil, atencioso e carinhoso".

Até então, eu só conhecia o Brendon há seis meses. Ele tinha caído na categoria de "não conta" porque, se você já encontrou o Brendon, percebeu que não há julgamento em seu mundo. Ele definitivamente não julgou meu corpo. Estranhamente, essa foi uma das razões pelas quais eu *não* me sentia atraída por ele. Eu achava que ele era bonito e parecia legal, mas eu conhecia tantas pessoas diferentes o tempo todo...

Essa conversa com Gary me fez perceber que, no relacionamento, eu estava funcionando a partir da não escolha, embora achasse que eu estava escolhendo estar com os homens que desejava. Essa foi uma enorme conscientização porque finalmente consegui ver o quanto meu ponto de vista estava me limitando.

Desde que desejei criar a minha vida a partir de infinitas possibilidades, sabia que tinha que baixar todas as minhas barreiras em relação ao sexo e relacionamento. Lembro-me de dizer a mim mesma: "Tenho que ser como a Suíça. Eu tenho que ser completamente neutra. Não preciso ter nenhum ponto de vista se nunca mais fizer sexo e nenhum ponto de vista se fizer muito sexo; nenhum ponto de vista se estou em um relacionamento ou não".

Enquanto as coisas se desenrolavam, acabei transando com Brendon. Foi preciso um nível de vulnerabilidade para que eu fizesse isso e, desde a primeira vez, fiquei incrivelmente grata. Não importava se faríamos sexo novamente. Eu agora conhecia a energia gentil, atenciosa e cuidadosa que desejava ter em minha vida. No entanto, eu também não tinha a necessidade desesperada de segurar Brendon. Se isso levasse a algo mais - ótimo.

Na manhã seguinte, eu disse a Gary: "Uau. Você estava certo. Foi incrível *não* estar com alguém que julga meu corpo tanto quanto eu julgo meu corpo".

Antes, eu nunca havia procurado alguém gentil e carinhoso. Gentil, carinhoso e atencioso eram apenas palavras vazias para mim; eu não tinha ideia do que elas realmente eram. Para ser sincera, isso era algo que eu não estava disposta a receber; eu não achava que eu valia a pena. Pode soar como um clichê e, ainda assim, eu estava vivendo todos esses clichês.

...

Desde o começo, Brendon e eu nos divertimos muito juntos. Mesmo assim, nunca me perguntei: "Ele vai ligar hoje? Quando vamos nos encontrar de novo?"

Na época, eu viajava regularmente para os Estados Unidos, então eu usava dois telefones celulares. Quando estava lá, quase não usava meu telefone australiano. No máximo, checava minhas mensagens uma vez por semana. Se houvesse uma mensagem do Brendon, eu respondia. Eu não estava intencionalmente jogando duro para conseguir! Eu amo meu trabalho e criar na minha vida. Em um determinado momento, Brendon estava pensando em voar para os Estados Unidos para me ver, já que eu estava fora há algum tempo. Quando ele disse isso, comecei a ter borboletas no meu estômago e palpitações no coração porque ele é muito doce, muito gentil e muito divertido de se estar por perto.

Brendon e eu moramos juntos por cerca de oito anos e minha vida não seria tão maravilhosa quanto é sem ele. O nível de gratidão que tenho é pelo seu verdadeiro ser. Não é por nenhuma contribuição monetária; não é a análise típica da gratidão. É nisso que um relacionamento deveria se basear - gratidão. Não em expectativas e projeções um do outro.

Se você procurar a palavra relacionamento, descobrirá que isso é definido como a distância entre dois objetos e, ironicamente, isso é o que a maioria das pessoas no mundo acaba criando! Assim que conhece alguém, você é você mesmo. Então, de repente, ou talvez um mês depois ou seis meses depois, começa a cortar partes de você para permanecer no relacionamento. Com que frequência as pessoas desistem de fazer as coisas que amam porque não se ajustam mais ao novo *status* de casal? Esta realidade diz que, se vocês estão em um relacionamento, devem fazer tudo juntos. Vejo que muitas pessoas usam o relacionamento para se diminuir ao ponto em que não podem confiar em mais nada a não ser em seu relacionamento.

Não é isso que um relacionamento deveria ser. Relacionamento não deve ser a distância entre dois objetos. Deve ser um nível de honra, gratidão, vulnerabilidade e tolerância com a outra pessoa.

A razão para estar com outra pessoa é para que você possa criar pelo menos 20 vezes mais do que criaria sozinha(o). Estar em um relacionamento pode ser uma expansão do seu verdadeiro ser, apenas permitindo a contribuição que outra pessoa é para você e sua vida. Não são muitas pessoas que falam sobre isso.

Ferramentas do capítulo 1

- Quais são seus pontos de vista sobre relacionamento? Você evita relacionamentos, já que não consegue ver nenhum que seja bom? Você sempre escolhe parceiros que julgam você e seu corpo da mesma maneira que você o faz?

"O nível de gratidão que tenho é pelo verdadeiro ser de Brendon."

Simone

CAPÍTULO 2

Não é dever do seu filho fazer você feliz

Brendon

Quando menino, para mim, os relacionamentos pareciam se tratar de controle e não de felicidade. Ou o homem controlava a mulher ou a mulher controlava o homem. Alguém sempre controlava a outra pessoa.

Para o mundo exterior, eu provavelmente parecia um típico cara australiano, despreocupado e que amava beber cerveja e surfar. No entanto, eu tinha crescido, o tempo todo, vendo minha mãe estar em um relacionamento abusivo com o meu pai. Esse foi meu primeiro olhar para relacionamento.

Mais tarde, minha mãe teve um novo marido e pude ver um tipo diferente de abuso. Embora não tenha sido tão violento, houve abuso verbal e monetário. Houve tantas brigas e discussões sobre dinheiro que comecei a odiar o dinheiro. Quando eu tinha 18 anos, relacionamento não me interessava muito.

Durante a maior parte da minha vida, senti-me como um peixe fora d'água. Eu sempre estava procurando como poderia me encaixar nessa realidade, e ter um relacionamento parecia ser uma boa maneira de me encaixar.

Como a maioria das pessoas, aprendi sobre a vida com meus pais. Então, o que eu fiz quando decidi estar em um relacionamento? Escolhi uma mulher que era muito parecida com meu pai, muito abusiva. Em algum lugar do meu mundo, decidi que, se eu conseguisse descobrir o abuso, poderia mudá-lo. Não era cognitivo ou algo planejado.

Como foi esse relacionamento? Horrível!

Uma das coisas que as pessoas fazem em um relacionamento é que elas o complicam. Muitas vezes nos dizem: "Você tem que aguentar. É um trabalho árduo; você tem que resolver as coisas".

Não, você não tem. Se o seu relacionamento não está funcionando, não faça isso!

Embora eu saiba disso agora, naquela época eu não sabia que tinha outra escolha. Mesmo essa garota não sendo muito legal comigo, decidi ficar com ela por 10 anos. As pessoas geralmente têm uma agenda para entrar em um relacionamento e minha agenda era que, se eu pudesse amar minha namorada o suficiente, ela finalmente pararia de agir como uma louca e me amaria também. Eu não era muito esperto. Mas, hei, tive meu lindo filho, Nash.

No dia em que descobri que a mãe de Nash estava grávida, lembro-me de pensar: "Isto é se encaixar. Tenho uma namorada com quem brigo o tempo todo e não me dou bem e agora vou ter um filho".

Minha lógica bizarra era que, assim que Nash chegasse ao mundo, ela veria que eu a amava e nosso relacionamento começaria a funcionar. Na época, não percebi que era grande maldade esperar que meu filho fosse o salvador da minha vida. Alguma vez, é dever de seu filho fazê-lo feliz?

As coisas foram acontecendo e, quando Nash tinha quatro anos, deixei a mãe dele. Por 10 anos, nosso relacionamento tinha passado por idas e vindas. Toda vez que brigávamos, eu a deixava. Naquela época, eu não estava disposto a viver sozinho ou ver o meu valor. Em vez disso, buscava que outras pessoas me validassem. Então, continuei voltando para minha namorada. Ela me viu como alguém a quem poderia controlar e, aparentemente, naquela época, eu gostava de ser controlado.

Um dia, finalmente, percebi que esse relacionamento de idas e vindas tinha que terminar. Quando deixei minha namorada na última vez, sabia que não voltaria.

Então, aos 30 anos, eu me vi morando na casa da minha mãe e dividindo um quarto com meu filho de quatro anos. Estava tão infeliz que pensei: "Como posso *não* passar mais por essa merda?"

Então, um dia, vi um anúncio no jornal. Era um pequeno anúncio rosa que dizia: "Tudo na vida vem a mim com facilidade, alegria e glória". Havia o nome de uma garota e o número do telefone dela. Eu sabia que tinha que ligar para ela.

Quando fui e vi essa garota, ela conversou comigo sobre algo chamado Barras de Access®. Ela explicou que era uma técnica gentil que envolvia tocar levemente minha cabeça. Naquele momento, não me importava com o que ela fizesse, porque eu precisava desesperadamente de ajuda.

Ela me fez deitar em uma maca e correu minhas Barras. Depois, fui para meu carro, mas não o liguei imediatamente. Sentei lá sorrindo por mais ou menos 10 minutos. Foi a primeira vez que me senti verdadeiramente feliz ou que realmente sorri em anos. Naquele dia, minha vida começou a mudar.

Aprendi as Barras de Access® e comecei a frequentar mais cursos de Access Consciousness®.

Se você já esteve em um curso de Access, deve ter notado que há muitas mulheres e muito poucos homens. Naquela época, meu ponto de vista era: "Se eu ficar com mais algumas garotas e tiver mais dinheiro, então serei feliz!"

Quem me conhece agora sabe que isso não sou eu. Sabia que um mundo mais grandioso estava disponível. Eu só não sabia como pedir por ele; não sabia onde procurar. Eu não sabia o que fazer para chegar lá. Tudo o que eu conseguia pensar era tornar minha vida um pouco melhor tendo mais dinheiro e mais garotas.

Avançando oito anos, sou um pouco diferente. Reconheço que o que desejo é criar um mundo melhor - e desejo ser verdadeiro comigo, não importa o que isso pareça.

A verdade é que eu tinha passado minha vida sentado, esperando que Deus viesse e me salvasse. Ele nunca fez isso. Depois de ir a vários cursos do Access, um dia, percebi que tinha as ferramentas para mudar minha vida e realmente tive que usá-las. Era hora de quebrar e fazer escolhas diferentes. Esse foi outro ponto de virada na minha vida. Eu nem sonhava, naquela época, que um dia estaria facilitando o curso "Escolha de Possibilidades" do Access em todo o mundo.

...

Em 2010, conheci a Simone em um curso do Access em Sydney. A partir do momento em que nos conhecemos, fiquei espantado com a maneira como ela olhou para mim e me tratou. Ela viu em mim a pessoa que eu ainda não estava disposto a ver. Falando sobre mim para outras pessoas, ela dizia coisas como: "Brendon é tão brilhante. Ele é tão maravilhoso". Eu costumava pensar: para quem é que ela está olhando? Eu me julgava demais, o tempo todo, por não ter muito dinheiro, por morar na casa da minha mãe, por tantas coisas que eu tinha de errado.

Simone era muito diferente de qualquer outra mulher que eu conhecia. Pela primeira vez na minha vida, aí estava alguém que não queria me controlar. Simone está disposta a me deixar fazer o que eu quiser fazer. Da mesma forma, estou disposto a deixá-la fazer o que ela quiser, porque posso ver o quão maravilhosa ela é.

O que temos é algo diferente.

Simone e eu não dissemos: "Estamos apaixonados agora, então está tudo bem". Essa frase: "estamos apaixonados" é uma conclusão. É a pretensão de que vocês vão ficar juntos para sempre. É a suposição de que a outra pessoa nunca vai machucá-lo e você sempre pode confiar nela. Quantas vezes você vê isso funcionando?

Ferramentas do capítulo 2

- Você sempre soube que um mundo mais grandioso está disponível? Depois, use as ferramentas deste livro e comece a fazer escolhas diferentes.

"Um dia, percebi que tinha as ferramentas para mudar minha vida, e realmente tive que usá-las".

Brendon

CAPÍTULO 3

Hoje é o que conta

Brendon

Por muito tempo depois de ficarmos juntos, Simone e eu evitamos chamar o que havíamos criado de "um relacionamento". Do lado de fora, as pessoas olhavam para nós e assumiam que éramos um casal. Continuamos dizendo: "Não, não somos!" O subtexto era: "Somos apenas amigos que fazem sexo e saem juntos".

Um dia, eu estava em um curso do Access Consciousness em São Francisco, EUA, onde Gary falou que eu e a Simone estávamos em um relacionamento. Eu queria sair correndo da sala.

A verdade é que eu estava esperando a sentença de morte.

Eu tinha experimentado tanto abuso em relacionamentos anteriores que eu sabia que, eventualmente, a Simone ia me machucar, o que, a propósito, não é uma pergunta.

Mas isso é o que as pessoas fazem no relacionamento. Nós temos esses pontos de gatilho baseados em nosso passado. Sempre que há uma briga ou uma discussão, você diz a si mesmo: "Veja, eu estava certo. Ela vai abusar de mim; ela vai me deixar".

Uma coisa simples, como Simone abrindo a porta do quarto, faria meu coração sofrer. Não por nada que ela fizesse, simplesmente porque essa tinha sido minha experiência. No passado, alguém entrando na sala sinalizava brigas, raiva, acusações e abusos. Sem saber, eu tinha mantido todas essas situações diferentes em minha vida e as tinha levado para o meu novo relacionamento com a Simone.

Então, lá estávamos nós, em um relacionamento e evitando relacionamento. Então, um dia, Deb, minha mãe, veio à minha casa. Simone e eu estávamos morando juntos na época, ainda evitando relacionamento.

Mamãe disse: "Eu vejo o jeito que vocês dois são um com o outro. Se eu estivesse procurando por um relacionamento esse é o tipo de relacionamento que eu gostaria. Vocês não chamam isso de relacionamento - então que porra é isso?"

A pergunta dela nos travou. Olhamos um para o outro e dissemos: "Talvez devêssemos admitir que estamos em um relacionamento".

Simone

Esse foi o momento em que as coisas mudaram muito para mim. Porque, logo no começo, e ainda desconhecidos um para o outro, nós dois estávamos esperando que o abuso começasse. Eu tinha estado com homens que continuamente me colocavam para baixo e julgavam meu corpo de forma horrenda e, em algum lugar do meu universo, eu esperava que Brendon fizesse o mesmo. Era óbvio para mim. Brendon ia me abandonar, me deixar ou ser malvado comigo. E é melhor eu estar pronta para isso. Apesar de nunca termos colocado isso em palavras, foi exatamente por isso que nós dois evitamos relacionamentos nos primeiros dois anos em que estivemos juntos.

Quando nos conhecemos, eu morava em uma casa de dois quartos em Queensland, na Austrália. Realmente não era grande o suficiente para nós, especialmente porque Brendon tinha seu filho, Nash, e um cachorro.

Eu usava o segundo quarto como um escritório e Nash, às vezes, dormia lá no sofá dobrável. Um dia, eu disse a Nash que ele precisava ser mais organizado e arrumar as coisas dele.

Ele me perguntou: "Onde eu coloco minhas coisas?"

Percebi que ele não tinha lugar para as coisas dele, então saí e comprei um recipiente grande de plástico para os brinquedos dele. Isso significava dar um passo a mais em admitir que Brendon e eu estávamos em um relacionamento e estávamos dispostos a assumir os compromissos um do outro também.

Finalmente, Brendon começou a falar sobre arranjar uma casa maior. Pronto! Brendon estava morando comigo e agora que tinha conseguido o que queria, iria me deixar. Eu esperava isso e casualmente perguntei: "Vocês estão se mudando?"

Brendon disse imediatamente: "Com você, nos mudando com você".

Mesmo tendo dito isso, Brendon tinha alguma reserva em escolher morar juntos. Para descobrir o que ele realmente desejava como seu futuro, ele usou uma das ferramentas de Access Consciousness.

Durante três dias inteiros, ele imaginou como seria sua vida se nós *não* morássemos juntos.

Depois, nos três dias seguintes, ele se entregou ao cenário de como seria sua vida se *fosse* morar comigo. A segunda parte não durou três dias. Depois de apenas um dia entregando-se ao cenário de morarmos juntos, ele disse: "É realmente óbvio para mim que toda a minha vida vai se expandir e criaríamos mais se morássemos juntos".

Eu disse: "Ok, vamos fazer isso", e deixamos por isso mesmo. Nós não tornamos isso significativo ou planejamos a data em que iríamos morar juntos. Nós apenas escolhemos. Um dia, pouco depois de termos chegado em casa de um curso de 7 dias de Access Consciousness® na Nova Zelândia, eu estava desfazendo minha mala.

Brendon apenas olhou para mim e disse: "Querida, eu preciso de um lugar para colocar minhas roupas".

Eu disse: "Você está se mudando?" Ele respondeu: "Sim".

E foi simples assim.

Brendon

Muitos de nós pensamos que não temos capacidade para uma conscientização energética. Quando você faz algo como entregar-se a dois cenários diferentes para o seu futuro, definitivamente reconhece que tem uma capacidade de perceber energia.

Quando usei essa ferramenta pela primeira vez, mergulhei totalmente na energia de não ir morar com a Simone. Eu estaria planejando conseguir meu próprio lugar, teria meu filho e meu cachorro comigo, e assim por diante. Fiz isso por três dias consecutivos. Não havia idas e vindas.

Depois de três dias, inverti e me entreguei ao que seria ir morar com a Simone. Imediatamente recebi a energia do futuro que minha escolha criaria. Em cerca de cinco segundos, pude perceber minha vida se expandir e tornar-se mais grandiosa, e era exatamente isso que eu vinha pedindo o tempo todo: uma vida mais grandiosa.

No dia em que Simone e eu reconhecemos que estávamos nos relacionando, não tínhamos ideia do que estávamos fazendo, exceto que combinava com a energia do futuro que nós dois desejávamos criar. Não tínhamos ideia de como ficaria no dia-a-dia. Nós definitivamente não estávamos interessados em criar um relacionamento como fizemos no passado. Então nos comprometemos a usar as ferramentas do Access para criar algo diferente.

Assim que chegávamos a um lugar onde a energia estava presa ou pesada, usávamos uma das ferramentas de Access para mudá-la. Houve momentos em que pensei: "Eu não quero usar essa ferramenta". Como eu sabia que as ferramentas funcionavam, estava disposto a fazer uma tentativa, não importando o quão desconfortável fosse.

E SE NÃO HOUVESSE ONTEM EM UM RELACIONAMENTO?

Relacionamento tem que ser uma escolha nova todos os dias.

Trata-se de criação, contribuição, estar em permissão, divertir-se e estar entusiasmo com a aventura da sua vida. No momento em que você diz que está em um relacionamento, você parou de criá-lo. Você o definiu dizendo: "Ah, nós moramos juntos; nós somos casados; nós temos uma união estável" etc. Toda definição criará limitação em sua vida.

Definição não existe em uma pergunta, por isso se você estiver disposto a fazer uma pergunta, terá mais escolhas disponíveis.

Simone e eu vivemos nossas vidas com base em perguntas: o que podemos escolher hoje e o que podemos criar juntos? Nós não dizemos que ficaremos juntos pelos próximos 20 ou 30 anos. Não há conclusão a respeito de para onde estamos indo. Nós brincamos continuamente com diferentes possibilidades. Temos uma casa, uma criança, um cachorro, uma hipoteca e assim por diante; ainda assim, não significa que estamos presos a alguma coisa. Nosso relacionamento poderia acabar a qualquer momento - mesmo que seja um pesadelo contábil!

Não estou buscando que Simone me faça feliz. Ela sabe que, seja lá no que for que eu escolha entrar, também escolho sair. Ela tem permissão para mim e essa permissão me libera de tentar consertar as coisas para ela, afinal o trabalho de um homem é sempre consertar as coisas.

Nós não discutimos. Acho que levantamos nossas vozes um para o outro uma vez. Temos facilidade um com o outro porque sempre encontramos facilidade usando as ferramentas deste livro. Nós continuamos a usá-las o tempo todo.

Gary Douglas diz que você está onde está hoje *não* porque não tem dinheiro ou por causa de seu relacionamento. Você criou isso pelas escolhas que fez. Para mim, não foi fácil reconhecer isso a princípio. Quando reconheci, tudo na minha vida mudou de forma bastante dramática. Quando finalmente entendi que havia criado toda a infelicidade e a falta de trabalho pelas escolhas que fiz, eu disse: "Uau, e se eu simplesmente começasse a fazer escolhas diferentes?"

Não era confortável ser brutalmente honesto comigo mesmo e olhar para aqueles segredos grandes, maus e feios que eu vinha escondendo. Depois que o fiz, isso me permitiu começar a avançar na minha vida. Percebi que estava no banco do motorista e tinha que assumir o controle do carro.

Se as mesmas coisas continuam se repetindo em sua vida, observe o que você ama nelas. Mesmo que isso signifique reconhecer que você é um completo idiota. Qualquer coisa que você esconda de si mesmo vai pará-lo. Se você está disposto a ter conscientização disso, você pode ir além.

Hoje é sempre um novo dia. O que você fez ontem o levou até onde você estava ontem. O que você escolhe hoje serão as coisas que criarão seu futuro.

Se você quer que seu futuro seja diferente e seja mais grandioso, quais escolhas você precisa fazer hoje? Comece hoje ou não. Para mim, às vezes, eu gosto de ter um dia ruim. Então percebo que estou tentando voltar a algo que é familiar e confortável. Ultimamente, eu nunca, nunca, estou confortável.

Ferramentas do capítulo 3

- O mesmo cenário continua ocorrendo repetidamente em seus relacionamentos? Se sim, busque pelo que você ama nisso. Seja honesto consigo mesmo, ainda que isso signifique reconhecer que você age como um completo idiota às vezes.

*"Hoje é sempre um novo dia.
O que você fez ontem o levou
até onde você estava ontem. O
que você escolhe hoje serão as
coisas que criarão seu futuro."*

Brendon

CAPÍTULO 4
Criação de um futuro – no agora

Simone

Para Brendon e para mim, relacionamento não é envelhecer juntos ou preencher a ideia do parceiro perfeito.

A razão de estar em um relacionamento com alguém é que você crie pelo menos 20 vezes mais no mundo do que criaria sozinho. Criação é sem fim. Na criação, não há definição; não há limitação.

Brendon e eu estamos construindo uma casa juntos e, como tudo que estamos criando, não se baseia na necessidade de ter um teto sobre nossas cabeças.

Peregian Beach, onde eu moro, tem uma das praias mais bonitas de Queensland. Sempre que estou em casa gosto de correr na vizinhança. Há cerca de quatro quarteirões de terra por onde passo que eu sempre disse que compraria se algum dia eles estivessem à venda. Bem, um deles ficou. Na época, não tínhamos dinheiro para comprar um terreno na praia.

O que notei é que, se qualquer um de nós realmente deseja algo, não paramos a outra pessoa. Em vez disso, olhamos para o que podemos contribuir para que isso aconteça para ela.

Quando eu disse a Brendon o quanto eu realmente queria comprar este terreno na praia, homem incrível que ele é, começou a olhar para o que precisaríamos fazer e com quem precisaríamos conversar para que isso se tornasse uma realidade.

Começamos com uma construção que correspondia aos parâmetros do que poderíamos "pagar". Então, olhamos o que nós realmente gostaríamos de criar naquele belo terreno. Eu não queria construir uma casa "acessível". É como ter uma bela tela em branco e usar apenas duas cores para pintar. Não, eu desejo pintar com todas as cores da minha paleta, então eu disse a Brendon: "Por que não podemos pedir o que realmente queremos?"

Ele respondeu: "Boa observação".

Quando começamos a nos encontrar com arquitetos e a olhar para o que gostaríamos de criar, é claro que os custos dobraram. No entanto, nós não diminuímos a velocidade ou paramos a obra para corresponder ao que essa realidade projeta para você se o que pediu é algo que é considerado excessivo. Eu quero pisos de mármore, uma adega, uma academia... será uma casa épica e eu não vou ter nada a menos do que isso.

Porém isso dá trabalho. Nós nos encontramos com alguns corretores de hipoteca e conversamos com pessoas diferentes. Ao longo de todo esse processo, continuamos nos perguntando: "O que precisamos ser para ter isso fisicamente atualizado sendo a nossa realidade daquilo que gostaríamos de criar?"

Em vez de aceitar os chamados "problemas", estamos dispostos a mudar o que precisamos mudar para criar possibilidades mais grandiosas. Vejo muitas pessoas desistindo e parando quando veem um problema ao invés de dar dois, três, cinco passos a mais para criar o que realmente desejam.

A EXUBERÂNCIA DE CRIAR JUNTOS

Brendon e eu vamos falar sobre todas as coisas que estamos criando juntos, porém isso não é feito a partir da expectativa de estarmos juntos para sempre. Isso pode parecer contraintuitivo e é também um dos maiores presentes em nosso relacionamento. Nós acordamos todas as manhãs e perguntamos: "O que podemos criar juntos?"

Muitas vezes, as pessoas olham para o nosso relacionamento e dizem: "Gostaria de poder criar mais com o meu parceiro, como você e o Brendon fazem".

Eu invariavelmente pergunto a eles: "O que você definiu como criação?"

A criação não é sempre fazer tudo junto.

Sempre que estou em casa, fico muito feliz de ir ao mercado local às 5 horas da manhã e comprar produtos frescos e deliciosos. Na maior parte do tempo, Brendon é quem cozinha. Embora, de vez em quando, ele vá aos mercados comigo, nunca espero que ele faça isso. Ele ama dormir.

As pessoas, muitas vezes, identificam erroneamente que criar juntas significa que devemos nos levantar e ir juntos aos mercados; que nós dois devemos cozinhar uma refeição juntos. Isso não é criação como contribuição e contribuição como criação. Criação é a vontade de contribuir com suas capacidades para criar algo mais grandioso e criar mais facilidade em suas vidas.

Se Brendon viaja para o exterior e eu fico em casa, ainda estamos criando juntos. Criação é esta contribuição contínua um para o outro. Se você não está sempre na energia criativa de um relacionamento, ficará entediado.

Uma das ferramentas do Access que uso todos os dias é destruir e descriar meu relacionamento com Brendon. Quando você pede para destruir e descriar seu relacionamento, o que você está fazendo é destruir todos os pontos de vista que você criou sobre essa pessoa. Cada limitação, cada conclusão, cada sentimento que você tem sobre ela e seu relacionamento, o que você acha que deveria ser e o que você decidiu que deveria ser: destrua e descrie tudo. Existe um nível de vulnerabilidade nisso; você está totalmente desconectado do passado. O que eu pretendo é acordar todas as manhãs com a sensação de: como eu tive a sorte de ter Brendon na minha vida?

Brendon

Um relacionamento simplesmente não acontece. Você começa a criá-lo todos os dias.

Todos os dias, Simone e eu olhamos: "E agora? O que vem depois? Quem sou hoje e o que vou criar?"

Nós não olhamos quem éramos ontem ou o que fizemos no passado. É a exuberância total de "estou vivo hoje. O que desejo criar com essa pessoa?

O que desejo criar neste relacionamento?" e até mesmo: "Nós ainda desejamos estar juntos hoje?"

Quando duas pessoas se unem, geralmente, elas, seus amigos e familiares esperam que elas fiquem juntas e vivam suas vidas em um determinado padrão. Existe uma certa ordem nos relacionamentos nesta realidade. Sabemos bem por que as pessoas, muitas vezes, projetam em nós a visão de que: "Bem, agora você tem a sua casa, você tem o seu cachorro, você tem o seu filho... É isso. Esse é o final. É hora de pegar as respectivas cadeiras de balanço".

Nos últimos oito anos, nem por uma vez, Simone e eu olhamos para o nosso relacionamento como uma coisa de longo prazo ou pensamos que vamos envelhecer juntos. Ambos sabíamos que ter essa expectativa afastaria o outro.

Desejamos criar um relacionamento que vá além de quaisquer definições e limitações. Funcionamos a partir da fluidez de perguntar constantemente: "É isso que desejamos hoje?" e se a resposta for "sim", a próxima pergunta é: "O que podemos criar juntos?"

Isso é muito diferente de como a maioria das pessoas aprende a funcionar em relacionamentos. Eu vejo muitas pessoas usando projeções e expectativas com seus parceiros. Pode ser que o homem precise ganhar uma quantia x de dinheiro ou a mulher precise preparar o jantar quatro noites por semana. Eu estava conversando com uma senhora recentemente que disse que ela pediu ao marido para fazer o jantar e, quando ele não fez, ela ficou muito brava com ele.

Eu disse: "Ok, me diga como você pediu a ele".

Ela disse: "Eu enviei um e-mail para ele e disse: 'Estou atrasada, então você precisa preparar o jantar'".

Isso *não* é pedir ajuda a alguém. Como é enviar, com tanta energia, um e-mail para seu parceiro dizendo: "Estou atrasada e preciso que você prepare o jantar"? É uma pergunta? Não é.

Essas são algumas das maneiras pelas quais tentamos e controlamos nossos relacionamentos. E se vocês começassem a procurar ser uma contribuição um para o outro em vez disso?

Ferramentas do capítulo 4

- Todos os dias, destrua e descrie seu relacionamento com seu parceiro. O que ocorre é que
você irá destruir todos os pontos de vista, todas
as limitações, todas as conclusões e todos os
sentimentos que você tem sobre ele e sobre
seu relacionamento. É assim que você se torna livre do passado e cria seu relacionamento
como uma nova escolha todos os dias.

*"Criação é esta contribuição
contínua um para o outro.
Se você não está sempre
na energia criativa de um
relacionamento, ficará entediado."*

Simone

CAPÍTULO 5
Criando uma conexão

Simone

Há alguns anos, estava conversando com um cara bastante atraente que conheci e, no decorrer da conversa, descobrimos que nós dois morávamos na mesma região em Sydney e frequentamos, várias vezes, as mesmas festas. Houve um momento em que nós olhamos um para o outro como: "Ahh! Eu conheço você!"

Naquele mesmo instante, percebi que só porque eu tinha uma boa noção de algumas das coisas que ele tinha feito, isso não significava que agora éramos melhores amigos. Esses foram os pontos em que nossas vidas e escolhas se cruzaram. No geral, esses pontos de conexão não tiveram grande significado.

Quando as pessoas dizem: "Estou procurando A Pessoa" ou "Encontrei A Pessoa", elas estão falando de pontos de conexão que, na verdade, são uma limitação. Quando você procura por conexão, desiste da criação por familiaridade, pelo que sabe. É como ter uma lista de verificação: ele ou ela fuma cigarros? Ah, olha, eu também fumo cigarros. Eu ronco, ele ronca. Eu odeio trabalho doméstico, eles odeiam o trabalho doméstico. Se você se pega buscando por pontos de conexão em um relacionamento - corra!

Brendon e eu estamos mais interessados no que podemos criar juntos, então estamos sempre procurando pontos de criação, não os pontos de conexão, porque, na verdade, você *não* vai ter um relacionamento perfeito. Você não encontrará o parceiro perfeito porque eles não existem. Perfeição é um julgamento.

Quando eu tinha vinte e poucos anos, tive um caso com um alpinista de 55 anos que conheci no Nepal. Meus amigos disseram: "Ah, ele é tão velho. Ele tem 55 anos". A idade dele não importava para mim. Era muito divertido estar com ele e ele me inspirou a ser algo diferente.

Mais tarde, quando eu tinha trinta e poucos anos, saí com um homem de 18 anos. Mais uma vez, meus amigos ficaram bastante chocados. Eles disseram: "Ah, meu deus. Ele acabou de sair da escola!"

E se a pessoa com a qual você escolhe estar em um relacionamento for escolhida não com base em idade, sexo, aparência, cor, credo ou realidade financeira? E se fosse com base em diversão e na alegria da criação e nos cinco elementos da intimidade? Esses cinco elementos são honra, gratidão, permissão, confiança e vulnerabilidade e nós os apresentaremos a você mais tarde neste livro.

NEM TODOS CRIAM DA MESMA MANEIRA

Brendon

Simone disse algo para mim que mudou toda a minha vida – e, na época, eu queria matá-la.

Um dia, eu estava no banho quando ela disse: "Sabe de uma coisa? Você realmente não cria; você faz outras coisas. Você realmente não cria".

Eu fiquei no chuveiro, fumegando e xingando: "Vai se foder!"

Pouco antes dessa conversa, eu estava pensando em participar do *reality show* MasterChef Austrália. Então, assim que saí do banho, preenchi toda a inscrição, fiz vídeos, enviei e acabei sendo selecionado como um dos 100 melhores concorrentes da MasterChef Austrália.

Quando Simone disse que eu não criava, ela me irritou tanto que pensei: "Vou mostrar a ela que posso criar". Ela não disse isso por maldade; esse era simplesmente o ponto de vista dela na época.

O que ela me disse naquele dia mudou minha vida e me motivou além do que qualquer outra coisa tinha me motivado no passado. Naquele momento, não só resisti e reagi ao que ela disse, como também fiz uma demanda diferente no meu mundo. A criação é uma exigência que você precisa fazer de si mesmo. Daquele dia em diante, criei muito mais em minha vida.

Simone

Há certas pessoas que são uma contribuição energética, apenas por ser a bondade, o cuidado e o brilhantismo que elas são. Quando eu disse a Brendon que ele não criava, quis dizer que ele era uma daquelas pessoas que contribuem energeticamente, que é a energia da criação.

Eu também sou grata pelo fato de as coisas terem ocorrido assim porque esta energia foi necessária para fazer Brendon criar. Através de suas criações, Brendon tem sido uma grande inspiração para mim para criar ainda mais. É um pouco como jogar um jogo que, na Austrália, chamamos de "pula sela", onde uma pessoa pula para frente e a próxima pessoa pula por cima delas. Cada um se reveza para ir mais longe e mais longe. Isso é verdadeiramente o que relacionamento e criação deveriam ser. Você continuamente inspira e entusiasma a outra pessoa a ser mais a cada dia; reivindicar, possuir e reconhecer todas as capacidades que ela tem e não está disposta a reconhecer, sem julgá-la se não escolher a fazer isso.

Brendon

Criar em relacionamentos é a disposição de contribuir com sua energia para o que quer que a outra pessoa deseje criar. Se vocês dois desejam criar a mesma coisa e seguir o mesmo caminho, então ambos contribuem com energia um para o outro.

Algumas pessoas pensam que trabalhar juntos no mesmo projeto significa controlar a outra pessoa. Isso não é criar; isso é controlar. Se você deseja um relacionamento em que possam criar juntos, pergunte ao seu parceiro: "Como posso contribuir com você?" Se estiver disposto a contribuir com energia, você poderá ter um relacionamento que é criativo.

Simone e eu criamos por conta própria e sempre incluímos o outro. Criar juntos me deixaria louco.

Simone não é admitida na cozinha porque a maneira como ela cozinha me frustra - brincadeira!

Nós definitivamente temos um alvo similar: sempre crie mais. Estamos dispostos a olhar longe o suficiente no futuro para ver o que mais se requer para a vida que desejamos criar juntos.

Houve um tempo em que eu costumava me fazer de errado por não criar como a Simone cria. Ela é incrivelmente criativa. Quando ela recebe novas informações, ela sabe que esta parte precisa ir para um certo lugar e esta outra para outro lugar. Para ela é como mover peças de xadrez em um tabuleiro.

Quando obtenho informações, deixo que elas fiquem em minha conscientização e normalmente me distraio com outra coisa enquanto deixo que as coisas se encaixem. Eu talvez jogue um jogo ou assista TV como uma maneira de criar algum espaço para minhas ideias se encaixarem.

Ao longo dos anos, ouvi muitas pessoas dizerem: "Eu estava no chuveiro e tive uma ótima ideia..."

Eu costumava me perguntar o que eles fazem no chuveiro porque eu vou para o banho e me lavo. Eu não penso em nada. Todos diziam: "Sim, hoje tive uma ideia incrível no chuveiro", e ficava pensando: "Porra, estou tomando banho errado?"

Simone

Isso é engraçado e tão verdadeiro! Só porque alguém é seu parceiro, ou sua cara metade, como eu gosto de falar, isso não significa que ele tem que criar como você cria. Não há duas pessoas que criem da mesma maneira. Seu parceiro não precisa criar na mesma velocidade ou com os mesmos pensamentos.

Sou muito criativa de manhã, praticamente do momento em que acordo, e menos à noite. Para mim, criação é extrapolação. Eu amo jogar ideias por aí. Talvez usemos algumas delas. Ou talvez não. O tópico principal é: "O que vamos criar? O que podemos escolher que vai funcionar ou criar uma possibilidade diferente?" E é rápido. É assim que gosto de criar.

Alguns anos atrás, Brendon e eu estávamos em Cancún, no México, quando tivemos uma "quase discussão". Na época, estávamos pensando em comprar uma segunda casa e Brendon simplesmente colocou o pé no chão e disse: "Não. Nós não vamos fazer isso." Não houve extrapolação de ideias ou conversa sobre as possibilidades que a compra desta casa poderia criar em nossas vidas.

O que mais tarde percebi foi que um homem não fica extrapolando o tempo todo. Os homens farão isso por conta própria. Eles farão isso em silêncio. Eles vão criar algo e, em seguida, dizer: "Isto é o que vai ser".

Então, a partir desse quase argumento, recebi uma nova ferramenta, que é pedir a Brendon para me incluir na criação. É aí que você literalmente pede a alguém: "Ei, você pode me dizer como chegou a esse resultado?"

Brendon

Quando Simone e eu estávamos falando sobre finanças em Cancún, chegamos a um lugar que não era generativo. Nós dois sentimos a contração da energia e reconhecemos que precisávamos parar de falar sobre isso imediatamente.

Nós começamos a bater de frente e nossos diferentes pontos de vista sobre finanças estavam contraindo nossa energia ao invés de expandi-la. Quando Simone e eu ficamos cientes de que a conversa não estava indo a lugar algum, imediatamente começamos a fazer perguntas: "Precisamos de mais informações, sim ou não? Sim? De quem poderíamos obter essa informação?"

Nós dois sabíamos que poderíamos conversar com Gary Douglas ou com alguns de nossos outros amigos que são brilhantes em finanças e pegar essas outras informações extras deles. Já que nada iria mudar imediatamente, tomamos um copo ou dois de vinho, pois não queríamos criar um problema de algo que não era um problema. Nós dois sabíamos que, quando tivéssemos mais informações, poderíamos criar algo maior. Então, ao invés de discutir, nós escolhemos nos curtir um ao outro e nos divertir.

Muitas pesquisas foram feitas sobre casais brigando por dinheiro e finanças e o estresse que isso causa em um relacionamento. Até fizeram estudos para mostrar que o estresse monetário é um fator primordial no divórcio.

Quando está disposto a estar ciente de qualquer contração em seu relacionamento, você não vai para o quem está certo e quem está errado. Você não vai começar uma briga. Ao invés disso, irá olhar para o que criará uma sensação de expansão novamente. A pragmática de um relacionamento é: "O que vai funcionar aqui? O que posso fazer para criar mais nesse relacionamento?"

Simone e eu temos muitos exemplos de vezes em que as coisas não estavam realmente funcionando e mudamos a energia ao invés de brigar.

Somos ensinados ou compramos a mentira de que brigar é normal em um relacionamento. Em oito anos, Simone e eu não tivemos uma briga. Algumas pessoas acham que somos malucos ou há algo errado conosco porque não discutimos nossos pontos de vista. Estamos mais interessados em olhar: como podemos mudar a energia desta situação?

Ferramentas do capítulo 5

- Se você deseja um relacionamento em que possam criar juntos, pergunte ao seu parceiro: "Como posso contribuir com você?"

- Reconheça que as pessoas criam de maneiras diferentes.

- Sempre inspire e entusiasme seu parceiro a ser mais a cada dia; para reivindicar, possuir e reconhecer todas as capacidades que ele tem e não o julgue se ele não escolher fazê-lo.

"Criação é uma demanda que você tem que fazer de você mesmo."

Brendon

58

CAPÍTULO 6
Quem vai pagar?

Simone

Quando conheci Brendon, eu ganhava muito mais dinheiro do que ele. Na época, ele assentava azulejos, era um trabalhador autônomo, tradie, como são chamados na Austrália.

Brendon odiava seu trabalho e eu não podia ver alguém, que é uma enorme contribuição para mim, fazer o que ele odeia apenas para trazer algum dinheiro para casa. Então, sugeri a Brendon que ele procurasse outra coisa para fazer enquanto eu dava apoio a ele.

Eu não coloquei um limite de tempo nisso. Ao invés disso, todos os dias, eu olhava para o nosso relacionamento e fazia muitas perguntas: "Esse relacionamento é uma contribuição para minha vida? É uma contribuição para o meu viver? É uma contribuição para o meu corpo?" A conscientização que recebi foi sim, sim, sim.

Brendon veio com o pacote inteiro. Seu filho, Nash, tinha, na época, cinco anos e havia também Max, o cachorro. Para alguém que nunca desejou ter um relacionamento, de repente eu estava com o pacote completo.

Concordar em dar apoio ao Brendon não foi um grande desafio porque eu gostava de ser a pessoa que ganhava mais dinheiro. Isso me deu uma sensação de controle e a escolha de ir embora a qualquer momento. Eu sabia que seria fácil orquestrar as coisas para que elas saíssem do jeito que eu queria, se algum dia eu quisesse ir embora. Olhando para trás, posso ver que isso era um nível de crueldade e indelicadeza com ele e comigo. Naquela época, eu ainda estava esperando pelo pior; eu estava esperando pelo dia em que ele diria: "Tudo acabou".

Então, usei o dinheiro como forma de separação mantendo planilhas sobre o que estávamos gastando. Se a ração custava US$ 20, meu ponto de vista era que Brendon deveria pagar por isso. Isso pode parecer familiar para algumas pessoas. Você pode reconhecer onde está fazendo algo similar em seu relacionamento.

Nós tínhamos um documento do Google com todas as coisas que eu estava comprando com meu dinheiro - era o *meu* dinheiro naquele momento. Eu anotava tudo: voos para a Costa Rica, acomodação, até mesmo a comida de cachorro! Com o passar dos meses, a quantia que eu devia aumentou gradualmente. Chegou em cerca de US$ 20 mil, então um dia eu olhei para Brendon e disse: "Você vai pagar isso ou eu simplesmente deleto este documento do Google?"

"Apenas apague isso", ele respondeu.

A partir daquele momento, começamos a ficar mais em comunhão um com o outro, porque antes nós dois usávamos o dinheiro como forma de criar separação: eu ganhando mais, ele ganhando menos.

Não estou dizendo que, se você está em um relacionamento, precisa ter contas bancárias conjuntas ou fazer tudo o que fizemos. Você tem que escolher o que funciona para vocês. Não se baseie na necessidade de controle ou separação, porque a separação é uma rejeição total de você e do outro.

SER VULNERÁVEL E PEDIR AJUDA

Simone

Durante esse período enquanto eu pagava tudo, Brendon acordava de manhã deprimido. Ele estava absorvendo toda a tristeza e depressão do mundo e achando que *ele* estava triste e deprimido. Ele se deitava no sofá e tomava cerveja, enquanto eu trabalhava. Chegou ao ponto em que eu estava ficando sem dinheiro.

Brendon

Eu estava gastando ele todo.

Simone

Sim, você estava!

Uma das ferramentas que Gary me deu para usar, quando fiquei irritada com Brendon por gastar todo o dinheiro, foi pedir pela ajuda dele. Então, um dia me sentei com o Brendon e mostrei a ele todas as contas.

Mostrei a ele tudo e disse: "Este é o aluguel que estamos pagando (o que significava que este é o dinheiro que estou pagando). Este é o dinheiro que estamos gastando (o que significava que este é o dinheiro que você está gastando)".

Não foi a coisa mais fácil para eu fazer. Eu sabia que, pedindo para ele me ajudar, teria que ser vulnerável comigo e com ele. Então, também mostrei a ele todas as minhas contas bancárias e todas as finanças para que ele pudesse ter uma conscientização do que estava sendo criado e pudesse contribuir para isso também para não ficar apenas nas minhas costas.

Em muitos relacionamentos, existe essa noção tácita de que precisamos esconder nossas finanças. Estamos mais dispostos a falar sobre o dinheiro que gastamos e, mesmo assim, a sociedade projeta em nós que devemos esconder a quantidade de dinheiro que ganhamos. Eu não queria esconder nada do Brendon. Eu sabia que, para mudar a realidade financeira que tínhamos juntos e criar algo mais grandioso, eu tinha que estar disposta a mostrar a ele tudo, e foi o que fiz.

Ao mesmo tempo, eu não tinha nenhum ponto de vista ou expectativa de Brendon. Ele poderia fazer qualquer coisa com a informação. Eu sabia que ele era esperto e muito bom com números. Ele não estava usando essas capacidades naquela época, no entanto, elas estavam lá, adormecidas. Desde o começo, vi o quão maravilhoso o Brendon era e, mesmo que ele se recusasse a ver isso por si mesmo, eu estava disposta que ele escolhesse isso ou não. Isso sempre teve que ser a escolha dele e sempre será a escolha dele.

...

A dinâmica do dinheiro e dos relacionamentos é muito interessante. Muitas pessoas se recusam a olhar para isso, mesmo que possa ser bastante revelador. Eu me deparei com mulheres que estão esperando por um homem que chegue e lhe dê o dinheiro que elas decidiram que precisam mas não podem criar por conta própria. Também conheci homens que foram treinados para acreditar que o trabalho deles é encontrar uma mulher, depois ir trabalhar e criar o dinheiro para o relacionamento deles.

Em quantas vidas você foi um homem? Em quantas vidas você foi uma mulher? Se você perceber que foi tanto homem quanto mulher em outras vidas, verá como suas escolhas ficam limitadas por pontos de vista diferentes.

Você já ouviu pessoas dizerem: "O homem é o ganha-pão" ou "As mulheres não podem ganhar mais do que os homens"?

Esses pontos de vista irão mantê-lo preso e impedir que você avance.

O que eu gostaria que você tirasse deste livro é a escolha das possibilidades que estão disponíveis para você. Você não precisa se limitar às expectativas, projeções e julgamentos que definem o relacionamento neste mundo. Saiba que você tem a escolha de criar um relacionamento que esteja muito além de onde você está funcionando atualmente.

Brendon e eu nos damos continuamente a escolha de escolher, a escolha de mudar, a escolha de não estarmos juntos. Na verdade, na primeira vez que compramos uma casa juntos, entrei em pânico porque pensei que significava que teríamos que ficar juntos para sempre.

"É apenas uma casa", Brendon falou. "Nós sempre podemos vendê-la".

Uma vez que olhei para isso como um negócio, ficou tudo bem para mim.

Embora nosso relacionamento seja uma nova escolha que fazemos todos os dias, compramos imóveis juntos; temos uma carteira de ações de sucesso. Enquanto escrevemos este livro, compramos duas casas de luxo e estamos no meio da construção de uma terceira, o que está empurrando os limites do que pensávamos que poderíamos criar. Sabemos que esta é apenas a ponta do *iceberg*. Nenhuma dessas coisas teria ocorrido se eu tivesse sustentado meu ponto de vista de que eu não poderia comprar uma casa com esse homem porque isso significava estar juntos para sempre.

Todas as pessoas têm pontos de vista insanos que as prendem e não permitem que elas criem uma vida mais grandiosa. É sobre esses pontos de vista insanos que você precisa se tornar ciente e mudá-los porque eles são as agendas invisíveis e os problemas que comandam a sua vida. Quantos de vocês estão usando o problema que você decidiu que não pode superar para *não* ultrapassar os limites de suas limitações e criar algo mais grandioso?

Quantos pontos de vista insanos, agendas e problemas você tem que o impedem de criar relacionamentos e dinheiro?

Algumas pessoas têm uma agenda para encontrar um parceiro para dar a elas tudo o que decidiram que precisam. Quantas agendas motivadas por carências você tem do seu parceiro, seja ele homem ou mulher? Pode ser que você precise que eles lhe deem dinheiro para que você possa ficar em casa e cuidar das crianças ou pode ser o contrário.

Você tem a agenda de não criar dinheiro para controlar sua vida? Se você não tem todo o dinheiro que deseja e requer, você está criando isso pelos seus pontos de vista. Isso significa que você é quem tem que mudar seus pontos de vista. Ninguém mais pode fazer isso por você.

Ferramentas do capítulo 6

- Qual é o problema que você decidiu que não pode superar? Você vem usando isso como uma desculpa para não ultrapassar os limites de suas limitações e criar algo mais grandioso?

"Se você não tem todo o dinheiro que deseja e requer, você está criando isso pelos seus pontos de vista."

Simone

CAPÍTULO 7
Eu odiava dinheiro

Brendon

Qual é a sua relação com dinheiro? Você ama ou odeia isso? Você quer correr do dinheiro?

No passado, eu não tinha um relacionamento muito bom com dinheiro. Na verdade, eu o odiava. Quando menino, eu via as pessoas ao meu redor constantemente discutindo e brigando por dinheiro. Vi tantos abusos monetários que, antes dos 10 anos, subconscientemente decidi que o evitaria a todo custo. Essa decisão teve um enorme impacto na minha vida.

Quando eu tinha mais ou menos de 17 anos, sai de casa e comecei a trabalhar. Toda sexta-feira, quando recebia o pagamento, gastava tão rápido que até segunda-feira todo o meu dinheiro havia acabado. Sempre que recebia uma conta pelo correio, jogava-a diretamente no lixo sem abri-la.

Se meu telefone tocasse e não havia identificação de quem estava me ligando, eu desligava, porque isso geralmente significava cobradores de dívidas.

A certa altura, minha eletricidade foi cortada porque eu não havia pagado a conta - provavelmente eu nem a tinha aberto. Na época, eu morava em um alojamento, e meu colega de apartamento estava fora da cidade, então também não consegui um empréstimo para pagar. O que eu fiz? Peguei um cabo de extensão e liguei-o na tomada do corredor para poder ligar minha geladeira – que legal! Essa foi apenas uma das muitas maneiras criativas que eu evitava dinheiro. No entanto, cognitivamente, não percebia o impacto total das minhas ações.

Enquanto as dívidas se acumulavam, o pensamento de pagar uma dívida tão grande parecia tão impossível que enterrei minha cabeça na areia e me recusei a sequer pensar nisso.

Então, pouco tempo depois que Simone e eu compramos uma casa juntos, mencionei casualmente que tinha uma conta de imposto bastante grande. Ela me perguntou quanto era.

"Mais de US$ 200.000", respondi.

"Isso não é algo que você contaria a alguém *antes* de irem morar juntos?", ela perguntou.

Quando Simone fez esse comentário, vi que ela realmente tinha razão. Eu tinha agido como um idiota total, esperando até *depois* de termos comprado uma casa juntos para contar a ela sobre minha dívida.

Foi nesse momento que percebi que estava evitando dinheiro dinamicamente porque, quando eu era mais novo, toda vez que se mencionava dinheiro tudo terminava em gritaria, berros e brigas. Bem jovem, decidi que dinheiro era igual a abuso. O que eu não reconheci foi que escolher não ter dinheiro também é abuso, apenas um tipo diferente de abuso.

Ficar ciente de que eu vinha evitando dinheiro foi uma grande revelação para mim. Antes disso, eu não sabia como mudar o que estava acontecendo com minhas finanças. Parecia literalmente impossível. Quando comecei a esclarecer o que havia criado, a energia do "impossível" desapareceu. Se eu tinha criado essa dívida enorme pelas escolhas que tinha feito, então e se eu começasse a fazer algumas escolhas diferentes?

A primeira pessoa a quem procurei foi a Simone.

"Você pode me ajudar?", perguntei a ela: "Não sei o que fazer aqui".

Ela sugeriu que nos encontrássemos com um contador e tentássemos conseguir um plano de pagamento para saldar a dívida. Quando isso foi recusado, fui forçado a declarar falência. Primeiro, analisei todos os cenários em que essa escolha poderia ou não afetar minha vida. Li muitas informações, conversei com contadores e pessoas com conhecimento nesta área. É uma grande escolha e recomendo que você não esqueça nada ao fazer sua lição de casa.

RECUPERAÇÃO FINANCEIRA 101

Simone

A disposição de Brendon em ter clareza sobre sua situação financeira criou grandes mudanças para ele. Isso criou uma mudança enorme para mim também. Percebi que estava profundamente comprometida com ele e com o que estamos criando juntos.

Eu poderia ter dito a Brendon: "Você está sozinho com sua dívida". Isso não correspondia à energia do que eu desejava criar. Nosso relacionamento não se baseia em dizer à outra pessoa o que ela deve fazer ou ser, está baseado em permissão e empoderar um ao outro em ser mais.

Então, eu costumava arrastar o Brendon para as reuniões com nossos contadores. Ele odiava e queria sair correndo pela porta assim que terminávamos.

Mais tarde, começamos a ter sessões informais com nossos amigos Steve e Chutisa Bowman. Frequentemente íamos a um ótimo restaurante, tomávamos um bom champanhe e fazíamos perguntas sobre dinheiro e negócios. Nós chamamos isso de "recuperação financeira 101".

Se alguém que você conhece está criando muito, recomendo enfaticamente que você converse com ele. Pague um jantar ou uma bebida e faça muitas perguntas sobre o que ele está escolhendo, para que você possa aumentar sua conscientização financeira.

Ambos os Bowmans haviam trabalhado no mundo corporativo por muitos anos. Eles escolheram criar um negócio para que pudessem criar mais riqueza juntos. Na verdade, eles começaram muitas empresas que foram extremamente bem-sucedidas. Agora, viajam pelo mundo e dão seminários juntos.

No início, quando nos encontrávamos com os Bowmans para essas sessões do Financeiras 101, Brendon queria dormir ou beber demais. Ele fez tudo o que pôde para evitar o assunto do dinheiro.

Eu conhecia bem a energia da fuga, porque certa vez foi assim que funcionei. Anos antes, meu pai tentou me ensinar sobre dinheiro, finanças e contabilidade. Ele era contador. Sempre que ele tentava falar comigo sobre o lado financeiro dos negócios, eu ficava irritada e petulante e dizia que não queria saber daquelas coisas chatas; eu só queria criar. Ele apontava para a demonstração de lucros e perdas e dizia: "Você não pode ter suas criações a menos que saiba disso também".

Já que eu estive nessa situação e fiz isso, reconheci a energia que Brendon estava exalando. Como em qualquer uma das ferramentas do Access, quando você está disposto a estar ciente de uma limitação ou um ponto de vista fixo, você pode mudá-lo. Quando você não está disposto a estar ciente disso, não pode. Você se prejudica quando evita as coisas. Em vez de reconhecer para si mesmo: "Ok, vou ser totalmente honesto comigo mesmo e ter a coragem de olhar para o que criei atualmente e depois para o que posso mudar", seja isso na área de dinheiro, negócios, relacionamento, sexo, seu corpo ou qualquer área da vida.

Evitar o assunto do dinheiro é evitar o assunto da criação. O dinheiro é a ferramenta que permite você criar mais na vida. Não é a fonte da criação – você é a fonte da criação. Se você está se recusando a olhar para o dinheiro, se você está se recusando a receber dinheiro, se você está se recusando a falar sobre dinheiro, então você está se recusando a ser a fonte da criação.

Muitas pessoas dizem que querem ter liberdade, clareza e mais facilidade com o dinheiro. No entanto, toda vez que se recusam a olhar para algo, ou a falar sobre isso, elas estão evitando a liberdade que poderiam ter nessa área.

Para mim, sempre que eu fico irritada com dinheiro ou o utilizo para criar esquisitices em nosso relacionamento, sei que há algo que devo olhar. Isso ocorreu durante um curso de 7 dias de Access Consciousness, do qual Brendon e eu estávamos participando na Índia. Assim que tomei ciência dessa energia, disse-lhe: "Podemos conversar? Estou ficando irritada com dinheiro".

Brendon olhou para mim e disse: "Eu pensei que já tivéssemos tido essa discussão? Seu dinheiro é o nosso dinheiro. Pensei que já sabíamos disso".

Comecei a rir por causa da maneira seca com que ele disse. Além disso, as energias por trás das palavras dele eram as energias de presentear, contribuir e criar, em vez da energia de "tomar", e percebi isso claramente.

Naquele momento, tornei-me ciente do senso de comunhão que Brendon e eu temos e criamos continuamente. Não é baseado em dinheiro. Baseia-se na criação de um futuro que funciona para nós dois e que não tem a ver com dinheiro, embora permita que o dinheiro apareça.

Vi todos os diferentes lugares e modos com os quais Brendon estava contribuindo e que não eram necessariamente de cunho monetário, mas, mesmo assim, eram uma contribuição massiva. Lembrei-me dos momentos em que eu trabalhava no meu computador o dia inteiro e, tarde da noite, ficava sentada no banco da cozinha com uma taça de vinho, enquanto ele nos preparava uma comida deliciosa. Isso, para mim, é criar juntos. Essa, para mim, é a contribuição que nós dois podemos ser enquanto usufruímos do que cada um de nós faz.

Brendon vai fazer uma comida e passa horas fazendo um belo molho. Se eu tentasse fazer isso, acharia uma das coisas mais frustrantes do mundo. Sentar na bancada da cozinha e vê-lo cozinhar é divertido, enquanto trabalho no meu computador e crio o que gosto.

E se vocês pudessem escolher o que é divertido para vocês, o que lhes traz alegria e depois contribuir um com o outro a partir desse espaço? Isso criará algo muito maior em sua vida do que escolher não estar em um relacionamento.

Outro exemplo disso foi a primeira vez em que fizemos reformas em nossa casa. Brendon supervisionou a coisa toda. Ele até assentou alguns dos azulejos e criou um dos banheiros mais incríveis que eu já vi. Agora, com esse terreno na praia que compramos (com acesso privado à praia!), isso também é uma criação incrível de nossas partes porque ambos exigimos mais em nossas vidas.

Desta vez, Brendon não estará com as ferramentas ou assentando azulejos porque ele não precisa estar. Não é uma necessidade. Agora, ele escolhe contratar um gerente para executar o projeto, enquanto ele viaja pelo mundo empoderando as pessoas. Essa é uma escolha e uma preferência que ele faz.

Ser capaz de fazer algo por escolha, ao invés de necessidade, é um campo totalmente novo de possibilidades. Antes, ele não estava muito ocupado. Ele fazia essas comidas deliciosas à noite e supervisionava as reformas de nossa casa. Minha vida não seria tão grande quanto hoje se ele não tivesse contribuído com coisas assim. Você pode fazer isso em seu próprio relacionamento também. Veja quem está contribuindo monetariamente e quem está contribuindo com coisas que são uma expansão do seu relacionamento também.

O outro lado disso é, assim que Brendon começou a ganhar mais dinheiro e a viajar pelo mundo sem mim, comecei a questionar se ele ainda precisava de mim. Quase criei uma sensação de ruptura em nosso relacionamento até perceber que Brendon está comigo simplesmente porque ele escolhe estar comigo. Não porque ele precisa do meu dinheiro. Em vez disso, ele adora sair comigo e adora criar comigo. Isso pediu que eu me tornasse ainda mais vulnerável. É um nível totalmente novo de cuidado em que tive que entrar – e estou acolhendo cada momento disso.

Ferramentas do Capítulo 7

- Qual é o seu relacionamento com dinheiro?
- Você o ama ou o odeia?
- Você evita o dinheiro?

*"Evitar o assunto dinheiro é
evitar o assunto criação."*

Simone

CAPÍTULO 8

Pode me dar o dinheiro agora?

Brendon

O ponto de virada para mim foi o dia em que finalmente percebi que as pessoas ao meu redor que tinham dinheiro estavam se divertindo muito mais do que eu que estava quebrado!

Por 30 anos, fui ignorante e estúpido com dinheiro. Para ser honesto, para mim bastava. Então comecei a procurar mudar meus pontos de vista. Seria divertido ter dinheiro? Como seria se eu parasse de evitá-lo, parasse de odiá-lo e começasse a criá-lo?

Livrar-me dos meus velhos pontos de vista foi apenas o primeiro passo. O segundo foi a educação. Como tantas pessoas, eu não fui educado sobre dinheiro. Eu não tinha ideia de como gerar dinheiro ou como administrá-lo. Eu via dinheiro como uma nota que saía do buraco na parede, o caixa eletrônico. O dinheiro não é apenas nota.

Pode ser um milhão de coisas diferentes. Dinheiro pode ser alguém pagando um almoço para você, porque você ainda está recebendo algum tipo de receita.

Eu adoraria dizer que me educar sobre dinheiro foi uma coisa divertida e maravilhosa. No começo, eu odiava! Eu tinha tantas dúvidas sobre mim mesmo e do que eu era capaz. Eu não me achava esperto ou educado o suficiente, já que eu era "apenas um tradie". Todas essas dúvidas eram as coisas que eu tinha decidido que eram verdadeiras para me manter pobre. Se eu mudasse meu ponto de vista, eu também mudaria minha vida?

A boa notícia é que a vida pode mudar rapidamente se você estiver disposto a fazer uma escolha diferente e demandar de si mesmo. Além disso, seja gentil consigo mesmo quando voltar aos seus velhos hábitos, como eu fazia periodicamente.

Simone foi paciente comigo. Ela sabia que eu estava disposto a ter dinheiro; eu só não tinha aprendido que eu poderia escolher minha vida. Eu ainda não tinha aprendido que a felicidade era uma escolha. Nós íamos nos encontrar com nossos contadores e, em cinco mínutos, eu queria fugir. Meu ponto de vista era: "Tire-me daqui. Isso é tão chato".

Desde que eu tinha feito a demanda para mudar minha situação financeira, eu era persistente.

Sempre que a energia de querer evitar dinheiro surgia, eu a reconhecia. Por exemplo, se abrir o extrato do cartão de crédito me deixasse seriamente zangado, frustrado ou desconfortável, eu me sentava com essas energias e via o que, se houvesse alguma coisa, eu poderia mudar.

Mudar algo que eu tinha afastado por tanto tempo não aconteceu em um instante. No entanto, eu não ia fugir ou evitar mais. Eu me sentava com essa energia de desconforto, tão frustrante quanto ela fosse.

Em algum momento, cheguei ao lugar onde fiquei curioso sobre dinheiro. Comecei a explorar como as finanças e os investimentos funcionavam. Assim foi como realmente virei minha situação financeira. A coisa mais importante foi perceber o que estava me limitando e depois ser honesto comigo mesmo. Isso me permitiu ver que, enquanto Simone vinha evitando relacionamento, eu estava evitando relacionamento e dinheiro. Eu tinha infortúnio duplo

Se você quer uma vida mais grandiosa, deve ser brutalmente honesto, mesmo que tenha que admitir: "Ok, eu sou um completo idiota". Você não precisa contar a ninguém ou desistir de todos os seus segredos grandes, maus e feios. Já que esses segredos grandes, maus e feios podem estar impedindo você de avançar em sua vida, não minta para você mesmo. Assim que você mente para você mesmo, corta sua conscientização e fica preso à sua própria história. Se você esconde alguma coisa ou não está disposto a olhar para ela, não pode ir além dela.

Muitas pessoas dizem: "Eu tenho esse problema financeiro, por que isso não muda?" Deixe-me fazer uma pergunta a você, isso é realmente seu? Foi bastante libertador perceber que 99% de todos os pontos de vista que eu tinha sobre dinheiro nem eram meus; eles pertenciam a outras pessoas. Eram das pessoas ao meu redor com quem cresci, das crianças com quem fui para a escola e dos amigos com quem saía.

Se você olhasse para trás em sua vida como uma criança e visse como as pessoas ao seu redor funcionavam com dinheiro, você facilmente identificaria os momentos em que tomou certas decisões que tiveram um impacto em seu futuro. A boa notícia é que, uma vez que você reconhece que esses são apenas pontos de vista, pode mudá-los.

Se você desejar mais dinheiro em sua vida, então tem que fazer escolhas diferentes. Muitas pessoas pensam que escolha significa dizer as palavras "Eu estou escolhendo ter mais dinheiro". Daí eles ficam em casa assistindo a Guerra dos Tronos na TV o dia todo.

Isso não é escolher! Se você deseja ganhar US$ 1.000, esteja disposto a sair e fazer o que for preciso para criar esse dinheiro. Encontre um segundo emprego, torne-se um motorista de Uber ou faça o que for divertido para você que trará dinheiro.

Outra coisa a lembrar é que, se você definir um alvo e chegar lá, por favor, reconheça o que você criou. Sua vida começará a se mover e, uma vez que esteja se movendo dessa maneira, ela ficará mais rápida, de qualquer forma você tem começar com essas coisas.

NINGUÉM PRECISA TER UM PROBLEMA FINANCEIRO

Simone

A certa altura, perguntei a Brendon: "E se você fosse o diretor financeiro (CFO - Chief Financial Officer) de nossas empresas?" Temos um truste com várias empresas que usamos para vários investimentos a fim de criar nossa realidade financeira. No mundo dos negócios, o CFO é aquele que constantemente olha para o que vai expandir, crescer e gerar mais dinheiro para o negócio com facilidade. Eu posso fazer isso, mesmo que não seja algo de que eu goste totalmente. O que é mais divertido para mim é criar dinheiro.

Então, Brendon assumiu isso e agora ele lida com tudo o que tem a ver com nosso dinheiro, nossos investimentos e assim por diante. No passado, eu costumava controlar todo o dinheiro que eu criava.

Existem muitas ferramentas e sugestões neste livro, nem todas são fáceis. A maioria delas não foi a escolha mais fácil de fazer na época. No entanto, cada uma das escolhas permitiu que algo aparecesse que era mais grandioso do que antes.

Permitir que Brendon assumisse o controle e administrasse todas as nossas finanças não foi uma escolha fácil para mim. Eu tive que aprender a escolher uma energia diferente, já que eu estava tão acostumada a ter o controle total. O que ajudou foi a percepção de que se eu soltasse o controle total, eu não apenas teria a minha conscientização, como também teria a conscientização dele sobre o que poderíamos criar.

E o que criamos juntos é fenomenal. Eu duvido que eu teria criado tão rapidamente sem ter o Brendon em minha vida e como parte das finanças de Milasas Watt. Na verdade, ninguém precisa ter um problema financeiro. Vocês podem criar um resultado maior e uma renda maior se estiverem de fato dispostos a trabalhar juntos no tópico dinheiro.

Brendon e eu temos uma ferramentinha divertida que usamos se qualquer um de nós estiver irritado com o dinheiro - o outro vai às compras! É um joguinho que jogamos para nos lembrarmos de que existem muitas ferramentas de dinheiro disponíveis; você não precisa ter um problema financeiro. Se eu ficar irritada com o dinheiro, Brendon entrará on-line e fará compras. Ou eu farei a mesma coisa. É incrível a rapidez com que superamos nosso suposto problema com dinheiro!

Chegar ao estágio de estar disposta a que Brendon perca tudo para que possamos de fato ter tudo, não foi uma escolha fácil. E posso dizer que, se você se permitir fazer escolhas como esta, o que é criado é uma realidade muito diferente. É divertido e é isso o que relacionamento deveria ser. Além disso, esteja disposto a mudar a energia quando ela fica presa e estranha. Eu tenho uma amiga que tem uma maneira muito criativa de lidar com isso. Quando ela e seu parceiro ficam estranhos com o dinheiro, eles ficam nus em qualquer cômodo em que estejam no momento, seja na sala, na cozinha ou no quarto. Eles tiram suas roupas e começam a falar sobre dinheiro, o que geralmente os faz rir. Minha sugestão é que você encontre a ferramenta que funciona para você, algo que vai tirar o *problema* da questão que você está tendo com o dinheiro e realmente transformá-lo em uma possibilidade e o presente de possibilidade que você pode escolher com outra pessoa.

Ferramentas do capítulo 8

- Se você quiser mais dinheiro, comece a fazer escolhas diferentes: encontre um segundo emprego; torne-se um motorista de Uber; ou faça o que for divertido e traga dinheiro.

"Seja gentil consigo mesmo quando voltar aos seus velhos hábitos, como eu fazia periodicamente."

Brendon

CAPÍTULO 9
Sexo pela diversão dele

Simone

Dinheiro e sexo são provavelmente os aspectos menos comentados em um relacionamento. Os mais secretos, os mais ocultos, os mais complicados - e não precisam ser complicados.

As atitudes em relação ao sexo são formadas desde cedo. Você já notou como as meninas são ensinadas a buscar um relacionamento desde bem jovens e são fortemente desencorajadas a fazer sexo aleatoriamente?

Quando se trata de sexo, há algo chamado da regra 1-2-3. Imagine que você vê alguém em uma sala lotada e acaba fazendo sexo casual para se divertir. Como o sexo é considerado tão significativo em nossa sociedade, você começa a pensar sobre o que tudo isso significa, como deve ser e quando você verá a pessoa novamente. Mesmo que não o faça cognitivamente, você começa a criar a história de como seria se fosse casado com essa pessoa.

A primeira vez que você faz sexo com alguém é sempre por diversão. Na segunda, você já está em um relacionamento com ele. Na terceira vez, você está subconscientemente considerando casamento. Você já começa a criar a história de como seria a vida se fosse casado com ele. Isso é o que ocorre para a maioria das pessoas. Não estou dizendo que tem que ser verdade para você. E se, cada vez que você fizesse sexo, não significasse nada ou tivesse que levar a alguma coisa?

Escolher sexo por pura diversão pode ser apenas uma escolha, o mesmo que escolher estar em um relacionamento ou não. No entanto, muitas mulheres já imaginam tudo. Elas têm todos essas ideais sobre o relacionamento perfeito para elas: o trabalho que o homem terá, o carro que vai dirigir, a universidade que ele frequentou. Algumas até escolhem o vestido de noiva branco que gostariam de usar um dia.

O que está na sua lista de desejos para o seu parceiro ideal? Você decidiu que tem que ser um homem ou uma mulher? Ele tem que morar no mesmo país? Você decidiu que ele tem que ser mais velhos que você ou mais ricos que você? Quantas mulheres, secretamente não desejam ter um parceiro mais baixo que elas? Toda decisão é uma limitação.

Se eu estivesse pedindo para que o Brendon aparecesse, minha lista de desejos teria incluído coisas como: "Alguém que é 11 anos mais novo que eu, tem um filho, tem 200 mil dólares em dívidas, ronca, fuma..."

Brendon

Eu fui a pegadinha perfeita!

É tão verdade. Se Simone tivesse escrito uma lista de desejos do homem ideal *dela*, ela poderia ter escrito coisas como: "Ele não pode fumar, ele não pode ter um filho, ele não pode ter dívidas, ele não pode..." e, então, ela não teria sido capaz de me receber.

Se você precisa ter uma lista de atributos ou características que você deseja em um futuro parceiro, aqui estão três coisas que Gary Douglas criou:

1. Alguém que contribui monetariamente (isso poderia ser semelhante a mim contribuindo para a vida e o viver da Simone para que ela tenha mais tempo para criar dinheiro),

2. Alguém que deixa você fazer o que queira e você deixa que ele faça o que queira,

3. Alguém que seja bom de cama.

Quando se trata de sexo, as pessoas adoram fazer essa coisa que no Access chamamos de "viajando na virilha". Elas transformam praticamente tudo em sexo. O significado do relacionamento inteiro é baseado no sexo, quer você esteja fazendo sexo ou não; quantas vezes você está fazendo isso toda semana etc.

Depois, há outra categoria chamada "viajando na cabeça". É quando, depois de ter feito sexo com alguém, você pensa constantemente quando essa pessoa vai ligar para você ou o que ela fará a seguir. Você tem toda essa conversa mental acontecendo com base no ponto de vista de que, pelo fato de ter feito sexo com alguém, outras coisas vão acontecer. Na sua cabeça, você está sempre pensando: "Ela(e) vai me ligar? Vai fazer isso?"

Simone

Há uma terceira chamada "viajando do coração". Por exemplo, se o seu amante não lhe deu flores no Dia dos Namorados, o que isso significa? Ou se ele *lhe* deu flores no Dia dos Namorados, o que isso significa? Ele deu a você 12 dúzias de rosas ou uma única rosa vermelha? Ou, se você estava em uma festa e sua namorada não beijou você quando ela chegou, o que isso significa? Tudo *significa* alguma coisa. Eu conheço bem essa categoria, porque das três eu era o viajante do coração.

O interessante é que as pessoas pensam que o viajar de coração, de cabeça ou de virilha vai ajudá-las em seus relacionamentos. Então, se você é um viajante de cabeça, você acha que entender o seu relacionamento lhe dará clareza. Na verdade, isso não lhe dá clareza alguma, entretanto irá mantê-lo girando e girando em círculos, constantemente pensando sobre o significado de cada coisa que ocorre.

Tornar tudo significativo limitará o que pode aparecer para você. Considere a convenção de um homem dando flores a uma mulher na data de casamento ou de aniversários. Se eu esperasse que Brendon me desse flores, ficaria muito desapontada o tempo todo. O Brendon não faz isso.

E houve ocasiões em que ele me deu flores espontaneamente e elas eram incríveis. Eu me lembro de uma vez em que estávamos em Roma, Itália, hospedados em um apartamento enorme. Um dia, Brendon estava debruçado sobre a varanda, fumando um cigarro. Em Roma, existem esses caras que andam o tempo todo vendendo flores. Então, Brendon se inclinou sobre a sacada e gritou para o cara esperar. Então, ele desceu correndo e pegou duas dúzias de rosas vermelhas a um preço ridículo e casualmente subiu de novo. A próxima cena foi que o porteiro estava na porta e tinha essas flores lindas para mim em um vaso. Foi tão inesperado e muito divertido!

Outra vez, Brendon me deu flores depois que eu fiz uma grande cirurgia. Eu estava ficando frustrada porque estava demorando muito para eu me curar e começar a trabalhar de novo. Pensei que era um fardo para todos ao meu redor. Tantos pontos de vista malucos surgiram. No dia seguinte, quando Brendon chegou em casa, ele me trouxe um enorme buquê de flores. Ele caminhou até a varanda onde eu estava e me deu as flores e um belo cartão; eu despenquei a chorar. Ele escreveu no cartão que eu nunca seria um fardo em sua vida e que sempre fui uma grande inspiração para ele.

Quando você está na permissão em relação a seu parceiro, não importa o que ele escolha, você pode receber seus atos aleatórios de bondade. Se eu tivesse o ponto de vista de que o Brendon tinha que me dar flores no meu aniversário ou no Dia dos Namorados e se eu ficasse chateada quando ele não desse, eu não seria capaz de receber os momentos em que ele espontaneamente escolhe me presentear com flores.

...

Se você vem viajando de coração, viajando de cabeça ou viajando de virilha toda a sua vida adulta e gostaria de mudar, primeiro você deve superar o ponto de vista de que isso realmente criará algo diferente de confusão. Caso contrário, você continuará fazendo isso repetidamente em diferentes relacionamentos. Olhe para os relacionamentos ao seu redor, quantas pessoas ficam viajando de coração, viajando de cabeça ou viajando de virilha como uma maneira de criar separação? Talvez você mesmo tenha feito isso em relacionamentos anteriores.

É preciso coragem para sair dessa prática. Você tem que ser vulnerável e baixar todas as suas barreiras e ser honesto consigo mesmo. O que você decidiu que ficar viajando no coração criará para você? O que você decidiu que ficar viajando de cabeça irá criar para você? O que você decidiu que viajando de virilha vai criar para você?

Quando entendi que ficar viajando de coração não iria criar comunhão total, comecei a ser vigilante, vendo todas as vezes em que fazia isso. É um músculo que você tem que desenvolver. Todos os dias, em qualquer momento em que eu estivesse viajando de coração, eu destruía e descriava isso e pedia por uma realidade diferente porque o que eu desejava é conscientização total e total consciência no relacionamento e em toda a minha vida.

Brendon

Uma das coisas que eu amo na Simone é que sempre que ela se pegava viajando no coração, ela se continha. Às vezes, precisava de um empurrãozinho meu e, mesmo assim, ela sempre captava. Ela se esforçou e trabalhou duro até que mudou isso. Foi incrível. Tudo é mutável. Contanto que você não compre o que está acontecendo para a outra pessoa e não resista, isso dá a ela o espaço para mudar as coisas muito mais rapidamente.

Ferramentas do capítulo 9

- O que você decidiu que ficar viajando no coração vai criar para você?

- O que você decidiu que ficar viajando na cabaça vai criar para você?

- O que você decidiu que ficar viajando na virilha vai criar para você?

"Tudo é mutável."

Brendon

PARTE DOIS
CRIANDO UM RELACIONAMENTO FENOMENAL QUE FUNCIONE PARA VOCÊ

CAPÍTULO 10

Eu sou solteira – isso está errado?

Simone

Ser solteiro não é errado. Não é ruim, mal e horrível.

Quando eu era solteira e morava sozinha em Peregian Beach, Queensland, eu simplesmente amava. Em um estágio, estava pensando em comprar uma propriedade como investimento e renová-la. Agora, definitivamente não sou uma mulher prática! Lembro-me de sentar em minha casa na cidade e pensar: "Eu poderia fazer uma das duas coisas. Eu poderia ou comprar uma casa que fosse totalmente renovada, ou encontrar alguém que fizesse isso por mim".

Eu não tinha a sensação de que algo estava faltando na minha vida porque eu não tinha um parceiro que fosse um faz-tudo.

Uma das perguntas que eu e Brendon ouvimos de pessoas que dizem que desejam um relacionamento e, mesmo assim, não conseguem encontrar ninguém, ou nem mesmo são convidadas para sair, é: o que estão fazendo de errado?

Se você é solteira, deseja um relacionamento e isso parece que ilude você - você vai odiar isso - geralmente é porque você não deseja um.

Relacionamento não é um conto de fadas. É a coisa mais distante de um conto de fadas no mundo. Não há cavaleiro com uma armadura brilhante, nem a loira perfeita de um metro e oitenta que é magra e bronzeada o ano todo.

Brendon não monta um cavalo branco. Ele é dono de um cavalo cinza salpicado e um cavalo bronzeado. Isso não se encaixa na imagem de um cavaleiro com armadura brilhante, embora, quando eu olho para ele em um cavalo, ele é o meu cavaleiro com armadura brilhante.

Se você realmente deseja criar um relacionamento, a primeira coisa a olhar é: o que isso significa para você? Isso tira você de algo? Isso coloca você em alguma coisa? Isso salva você? Isso cria limitação? Isso cria contração? Esteja disposto a olhar para o que é real e verdadeiro para você em todos os momentos.

Eu definitivamente tinha o ponto de vista de que os relacionamentos não eram alegres. Eu não via nenhum ótimo, então por que eu escolheria? O dia em que mudei meu ponto de vista sobre relacionamentos, também foi o dia em que o Brendon entrou na minha vida.

Portanto, o primeiro passo é deixar de lado todas as decisões que você fez sobre relacionamento. Para qualquer mulher que esteja lendo isso, se você decidiu que alguém virá e cuidará de você, vai lhe dar uma casa, o vinho e a comida, esteja preparada para soltar isso. Por quê? Todas as decisões limitam o que pode aparecer. Você está tentando ordenar um relacionamento pré-planejado, em vez de receber as infinitas possibilidades que estão disponíveis.

Você estaria disposta a ter um homem em sua vida para que *você* cuide dele? E se ele não tivesse nenhum dinheiro e você fosse a "vaca gorda" do dinheiro? E você pagasse a ele por sexo. Você está disposta a ter isso e escolher isso? Pois não há escolha certa.

Brendon é 11 anos mais novo do que eu e esta realidade chamaria isso de um gigolô. Nós também chamamos e nos divertimos muito com isso. Em determinado momento, Brendon realmente pesquisou no Google a palavra "gigolô" e depois me disse: "Você sabe qual é o trabalho de um gigolô? Ficar bem e gastar muito dinheiro!" Nós rimos porque era isso o que estava a acontecer numa fase das nossas vidas.

AS MENTIRAS DO RELACIONAMENTO

Brendon

Como homens, nossos pais nos ensinam sobre relacionamentos, mas a maioria deles não é muito bom nisso.

Alguns homens têm pais que ensinam a tratar as mulheres com respeito; o meu não me ensinou. Eu costumava observar a maneira como meu pai agia e pensava: "Como você pode tratar as pessoas assim?". Felizmente para mim, eu sempre tive um nível de respeito pelos outros, então não comprei a mentira que meu pai estava perpetrando.

As mentiras são um grande tópico em qualquer relacionamento. Eu não estou falando sobre as mentiras que você conta ao seu parceiro ou as mentiras que ele conta a você. Nem estou falando sobre os segredos que você mantém dele. Trata-se das mentiras que você comprou de todos em sua vida para criar seus pontos de vista sobre o relacionamento.

Por que eu digo isso? Porque, quando crianças, não fomos ensinados a descobrir o que é verdade para nós nos relacionamentos, com dinheiro ou qualquer outro aspecto da vida. Vou dar um exemplo. Quando eu estava crescendo, se eu mostrasse alguma gentileza ou se me importasse com os outros, meu pai costumava me dizer: "Você é uma menininha. Você é um marica; você não vai ser macho". Então, imaginei que, para ser homem, precisava ser duro e grosseiro.

Também me disseram: "Você tem que trabalhar duro por dinheiro". Então, aos 17 anos, consegui um emprego e trabalhei duro para ganhar pouco dinheiro porque eu achava que isso era verdade.

O problema é que as pessoas nas quais buscamos orientação baseiam *seus* pontos de vista nas mentiras dos outros. Então, desde o primeiro dia, nós usamos mentiras para criar nossos pontos de vista. Já que o nosso ponto de vista cria nossa realidade e nós a baseamos em mentiras, então talvez toda essa realidade seja baseada em mentiras!

Há mentiras em todas as áreas da vida: com dinheiro, sexo, relacionamento, negócios, família, filhos, parceiros - com tudo. Se você está preso ou tem um problema em qualquer área de sua vida, geralmente há alguma mentira aí.

As mentiras podem ser uma maneira sutil de abusar de si mesmo. Quando você baseia suas escolhas em mentiras, você não busca a grandiosidade que você é e não reconhece que você é a fonte de sua vida. Você não é suas mentiras. Você não é a sua agenda. Você é você.

Escolher por você começa com a pergunta: "O que eu sei? O que é verdadeiro para mim?"

Meu relacionamento com a Simone funciona porque eu não vou desistir do meu ponto de vista pelo dela e ela não vai desistir do ponto de vista dela pelo meu. Ela não espera que eu corte partes de mim por ela. Nós não entramos nessa relação com a ideia de que foi o relacionamento que nos tornou inteiros e, agora que estamos juntos, somos um.

Por favor, não entre em um relacionamento com a ideia de que você será um - isso é outra mentira.

Reconheça também que, porque você comprou uma mentira ou decidiu funcionar a partir de mentiras, isso não precisa ser permanente. Algumas coisas surgiram para mim ultimamente em que eu não via a mentira há sete anos, contudo era tão claro quanto bolas de canguru para todas as outras pessoas! Assim que vi a mentira, consegui mudar as coisas.

Você pode mudar qualquer coisa em um piscar de olhos se estiver disposto a olhar para o que está limitando sua vida e onde as coisas não estão funcionando. Seja honesto com você mesmo e irá mudá-las.

CONGRUÊNCIA É COMO AS COISAS ANDAM JUNTAM

Simone

Como eu disse antes, se você não está em um relacionamento agora é porque você não quer um. Talvez você tenha tentado apaziguar sua família parecendo escolher ter um relacionamento, quando na verdade você está se divertindo, viajando pelo mundo, fazendo o que escolhe, sem precisar preparar o jantar para dois.

É aqui que você tem que ser honesto consigo mesmo porque, para criar um relacionamento, você deve ser congruente com o que está pedindo. O que é congruência? Por exemplo, digamos que você esteja pedindo para ter mais dinheiro em sua vida. Daí você sai para jantar e vê um vinho muito bom que você gostaria de beber, mas instantaneamente pensa que não pode pagar por ele. Naquela fração de segundo, você desconvidou dinheiro. Não se trata de comprar o vinho mais caro todas as vezes em que você sai. Trata-se de reconhecer que todo pensamento, sentimento e emoção de que algo não é possível são as mentiras sobre as quais você baseou sua vida.

Ser congruente com o que você está pedindo é sair das mentiras da impossibilidade. É verdade que você não pode pagar uma garrafa cara de vinho? Talvez não hoje, outro dia você provavelmente poderia.

Quando você é energeticamente congruente com o que está pedindo, há um entusiasmo natural em seu mundo. Você é tão convidativo que as pessoas são atraídas por você irresistivelmente e desejam presentear você com tudo. Isso é muito fácil de ver com as crianças. Quando Nash está sendo ele mesmo, desejo presentear o mundo para ele; nada é o limite. Quando ele não está sendo ele mesmo ou agindo como um adolescente mal-humorado, não desejo dar nada a ele. O nível de receber dele não é congruente com o que estou disposta a oferecer a ele.

Congruência é como as coisas andam juntas. Quando você é feliz, você é congruente com a sua vida e o seu viver. Você sai e começa a trabalhar para criar tudo o que você deseja. Por exemplo, quando eu queria ir para o exterior pela primeira vez, consegui três empregos. Um dos meus empregos era trabalhar em um bar nos finais de semana para que eu não saísse com meus amigos e gastasse dinheiro em bares. Eu desejava viajar, e conseguir três empregos era congruente com esse desejo.

Se você diz que adoraria criar um relacionamento, não fique sentado sem fazer nada porque o universo não tem nenhuma limitação. Você tem. Se você pede por um relacionamento, o universo abrirá todas as portas que permitirão que isso ocorra. Daí, você sai andando batendo-as e dizendo: "Não, não, não! Talvez eu passe por aquela porta daqui a uns cinco anos".

Se você é sincero sobre criar um relacionamento, que ação você pode fazer hoje? Talvez você pudesse sair para um encontro ou ir a algum lugar novo para conhecer um homem ou uma mulher divertida e interessante. Afinal, qual é a pior coisa que poderia acontecer? Se você tomou algumas medidas de ação hoje para ter o que você gostaria como sua vida e o seu viver, em um relacionamentos e no sexo, a pior coisa pode ser que você tropece, caia e tenha que se levantar novamente. Ok, tudo bem. E se essa for a aventura de viver?

PEDINDO POR ALGUÉM PARA BRINCAR

Brendon

Então, vamos falar sobre namoro. A primeira coisa a ser vista com alguém com quem você gostaria de sair é: ele(a) será divertido(a)? Por favor, comece a se fazer essa pergunta. E, se você se tornar ciente de que não, ele(a) não será divertido(a), não faça nenhuma outra pergunta. Avance. Você não precisa ir até lá e provar que sua conscientização está certa. No entanto, muitas pessoas fazem isso.

Se você está procurando alguém para brincar e pergunta: "Isso será divertido?" e tem uma sensação de leveza, isso é como "Sim!", aí então vá para o encontro e divirta-se.

Se a pergunta que você está *realmente* fazendo é: "Ele(a) será divertido(a) e eu vou conseguir um anel no meu dedo? Ele(a) será divertido e quanto tempo vai demorar até que eu consiga que ele(a) faça tudo o que eu quiser? Quanto tempo até que eu possa moldá-lo(a) na pessoa que ele(a) deveria ser? Quanto tempo até que ele me trate como a princesa que sou? Quanto tempo...?", você já arruinou todas as possibilidades futuras com essa pessoa com todas as suas projeções e expectativas.

E se namorar disser respeito a encontrar alguém com quem é realmente divertido estar? E não a procurar um carcereiro para a sua vida. Um carcereiro é alguém que você acredita precisar para controlar sua vida, ou então que você pode controlar a vida dele.

Alguém para brincar é literalmente alguém que você pode olhar e perguntar: "Quer brincar?" Isso traz uma sensação de diversão e excitação em seu mundo? Leve isso para os eu namoro, pois namoro deveria dizer respeito a prazer. Viver deveria dizer respeito a se divertir. Sexo deveria dizer respeito a se divertir, porém nós agimos de forma séria e preocupada: "Com o que ele(a) quer que eu pareça? Como ele(a) quer que eu seja?" Meu conselho é: seja você mesmo. Se a pessoa for esperta, ela vai curtir muito você. Se ela fugir, você não a quer de qualquer maneira.

...

Digamos que você se divirta muito em seu encontro e deseja ir para a cama com a pessoa depois. Não pare de fazer perguntas. Você poderia perguntar: "Eu serei feliz depois? Vou aprender alguma coisa? A pessoa será grata?"

E se o sexo for como brincar com um *frisbee*? Você pode jogá-lo uma vez ou jogá-lo 500 vezes até cair, desde que seja divertido.

Muitas vezes, as pessoas vão decidir como o sexo deveria ser e, até que de fato cheguem à cama, elas estarão tão presas ao que precisariam fazer que não estarão presentes com o amante. Quantas pessoas estão presentes durante o sexo? Se você está disposto a não ter nenhum ponto de vista sobre sexo, você pode estar totalmente presente com o que está ocorrendo e receber algo diferente dele. Sexo é, na verdade, sobre receber, então quanto mais sexo divertido você tiver, mais dinheiro você ganhará e tudo ficará mais fácil em sua vida.

Agora, se você está em um relacionamento ou namorando alguém que faz *checkout* durante o sexo, isso não é necessariamente um erro. Muito provavelmente, a pessoa não foi ensinada, então procure maneiras para fazer com ela fique presente. Você talvez tenha que amarrá-la e fazer cócegas com uma pena. Não diga em voz alta para um homem: "O que é preciso para você estar presente?" Ele vai se fazer de errado e você o perderá. Senhoras, minha principal ferramenta aqui é: cale a boca.

Ferramentas do capítulo 10

- Se você é sincero a respeito de criar um relacionamento, veja qual ação você pode fazer hoje. Talvez você possa ir a algum lugar novo ou sair para um encontro.

- Antes de sair com alguém, pergunte-se: isso será divertido? Se você se tornar ciente de que não será divertido, parta para outra.

"O universo não tem nenhuma limitação. Você tem."

Simone

"Escolher por você começa com a pergunta: O que eu sei? O que é verdadeiro para mim?"

Brendon

CAPÍTULO 11

Intimidade

Simone

Frequentemente confundimos a intimidade com a nudez e o sexo. O sexo é uma parte do relacionamento e, não me entenda mal, é uma grande parte, mas não é intimidade. Sua escolha de ser íntimo é o que cria intimidade.

Você não pode ter intimidade com outra pessoa até que tenha intimidade com você, e isso é mais fácil do que você imagina. No início, mencionei os cinco elementos para criar intimidade. Eles são vulnerabilidade, permissão, gratidão, honra e confiança.

Assim que os descobri em um curso de Access, escrevi todos eles em *post-its* e coloquei no espelho do meu banheiro. No final de cada dia, olhava para todos os lugares onde eu não tinha escolhido vulnerabilidade, permissão, gratidão, honra e confiança comigo mesma. Eu não pensava muito sobre isso ou me julgava por não acertar naquele dia; eu simplesmente destruía e descriava aquilo. Foi assim que comecei a criar um senso maior de intimidade comigo.

Para Brendon e eu, intimidade é a escolha diária em ter esses cinco elementos conosco e também um com o outro. Cada escolha que fazemos é uma honra a nós mesmos e ao outro.

Vulnerabilidade, permissão, gratidão, honra e confiança nem sempre são o que pensamos que são. Por exemplo, vulnerabilidade é geralmente considerada uma fraqueza. Muitos de nós crescemos com nossos punhos prontos para nos proteger, ou melhor: construímos muros para nos manter seguros. Esses muros devem ser feitos de algum material indestrutível, porque ninguém e nada pode passar por eles!

Em um relacionamento, você tem que ser vulnerável e estar ciente de cada escolha que faz e de todas as escolhas que a outra pessoa faz. Vulnerabilidade não é fraqueza. É uma força enorme. É como ser um *marshmallow*; você fura um *marshmallow* e o que acontece? Ele apenas volta para traz.

Quando você é vulnerável, não pode ser destruído porque você sempre saberá o que funciona para você e terá uma escolha verdadeira em todos os aspectos de sua vida.

Brendon

Ao crescer, eu definitivamente pensava que era errado ser vulnerável.

Algum dia alguém já lhe disse: "Se você fizer isso, será vulnerável"? Significa se abrir para coisas externas que podem machucá-lo. Até uma parede de tijolos pode ser vulnerável. Se você remover um tijolo em particular, ele poderá enfraquecer a parede inteira.

Isso foi bastante confuso para mim porque, quando eu era menino, achava muito fácil ser vulnerável e bastante desafiador também. Quando você *não* tem paredes *ou* barreiras para nada, recebe tudo o que está acontecendo ao seu redor.

Eu me lembro claramente de um dia em particular, quando eu deveria ter mais ou menos seis anos de idade, e eu estava na escola, apenas sentado debaixo de uma árvore e chorando muito. Até aquele momento, não havia um único dia em minha vida em que eu não chorasse por algum motivo. Percebia a enorme tristeza do mundo e, como ninguém havia me dito o contrário, achava que eu era triste.

Naquele dia na escola, decidi deixar de ser vulnerável e comecei a me adequar a todos os outros, porque senão ficaria muito difícil. Passei os próximos 24 anos aperfeiçoando a arte de me encaixar, o que não funcionou para mim também.

Depois de ir a várias classes de Access Consciousness®, olhei para a energia da vulnerabilidade novamente. Notei os lugares na minha vida onde eu estava erguendo muros e percebi que seria muito mais fácil receber as pessoas, situações ou energias diferentes se eu não tivesse nenhuma barreira para elas.

Nós não apenas construímos muros; nós construímos fortalezas ao nosso redor! Elas supostamente estão lá para nos manter seguros, no entanto nós realmente nos mantemos dentro. A ideia de precisar de proteção em relação a qualquer coisa é uma mentira. Como um ser infinito, você precisaria de proteção de qualquer coisa? De alguém?

Ser vulnerável é como ser uma rocha no córrego; tudo passa ao seu redor e nada nunca o afeta. Você não tem muros nem barreiras para nada, inclusive para você.

Hoje em dia, quando surgem coisas para as quais eu não quero olhar ou que parecerem difíceis de lidar, acho muito mais fácil mudá-las a partir de um lugar de vulnerabilidade. Faço o meu melhor para não erguer barreiras em relação a nada e, com isso, recebo muito mais informação porque quando você é vulnerável, o universo lhe presenteia com tudo.

Vulnerabilidade é a disposição em reconhecer que você não é perfeito - e você não precisa ser. É a percepção de que você tem algumas coisas muito legais acontecendo e algumas coisas não tão legais acontecendo. Você não se esconde de ninguém nem de nada. Acima de tudo, você não esconde o brilho de você. Nós sempre pensamos que o que mais escondemos é nossa insignificância ou raiva. A verdade é que, na maioria das vezes, por trás da raiva e da pequenez, escondemos nosso brilho.

SENDO VOCÊ MESMO NÃO IMPORTA O QUÊ

Simone

Vulnerabilidade também é olhar para qualquer coisa que apareça para você sem ter que contê-la ou sem ter de fazer uma cara de animada quando isso o incomoda.

Durante os primeiros 18 meses do nosso relacionamento, um dia fui passear na praia e comecei a olhar para a minha vida: o que eu pensava que queria criar e o que realmente estava sendo criado.

Quando voltei para casa, entrei para o quarto, sentei na cama e comecei a chorar. Brendon entrou e sentou na cadeira ao meu lado e perguntou: "Ei, o que houve?"

"Eu não sei se posso fazer isso", respondi. "O que você quer dizer? Fazer o quê?", perguntou ele.

Naquela época, morávamos em uma casa de dois quartos onde antes eu morava sozinha. O segundo quarto era meu escritório. Tinha um sofá dobrável e lá era onde Nash estava dormindo na maioria das noites. Nós não tínhamos o cachorro ainda! Ele veio depois.

Eu disse a Brendon: "Eu nunca pensei que teria um filho e agora tenho essa criança de cinco anos de idade por aqui o tempo todo".

Ele olhou para mim e disse: "Bem, eu meio que venho com uma criança de cinco anos de idade".

Assim que ele disse isso, entendi. Ele estava certo.

Brendon acrescentou: "Não precisamos ter esse relacionamento assim. Eu posso me mudar. Isso não significa que teremos que nos separar. Significa apenas que vai parecer diferente, pois não estaremos mais morando juntos. O que você gostaria?"

Eu estava tão grata por ele estar disposto a perguntar o que funcionaria para mim. Ele não me deu um ultimato ou me presenteou com um cenário de ou isso/ou aquilo, porque nunca é um universo de ou isso/ou aquilo.

No relacionamento, você tem que captar que você tem escolha e precisa continuar se perguntando todos os dias: *o que é realmente que você deseja criar?* Você tem que ter isso. É imperativo. Você não pode se perder na realidade de outra pessoa. Você tem que saber o que realmente deseja criar.

Depois dessa conversa, comecei a brincar com diferentes cenários do que eu gostaria e desejava em minha vida. Não muito tempo depois daquela conversa, Brendon foi para o norte de Queensland para fazer um trabalho, o que me deu o espaço para olhar o que é que eu gostaria de ter e criar em minha vida.

Uma noite enquanto ele estava fora, fui a uma troca de Barras de Access®. É aí que as pessoas que aprenderam a fazer as barras se reúnem para trocar esse processo corporal umas com as outras. Nash estava ficando com sua avó durante este tempo e ambos apareceram na troca de Barras. Quando Nash entrou pela porta, ele correu até mim e me deu um longo abraço. Ele olhou para mim com aqueles olhos grandes e bonitos e me disse o quanto ele me amava. Mais tarde naquela noite, enquanto ele estava correndo com as outras crianças, ele caiu e ralou o joelho. Eu estava recebendo Barras naquele momento, mas ele veio pedir ajuda para mim. Ele se aconchegou em mim enquanto eu estava deitada na maca e não buscou a avó para nada!

Mais tarde, percebi que Nash era inteligente. Talvez não de forma cognitiva, no entanto em algum lugar do mundo dele, ele sabia que, se quisesse criar a vida que desejava, eu combinava com a energia do que ele desejava em sua vida também.

Quando fui para casa naquela noite, olhei para a energia que o Nash é e a contribuição que ele é para a minha vida. Nunca sonhei em ter filhos; nunca desejei ter filhos. No entanto, quando olhei para a energia que o Nash estava sendo comigo e que contribuição que ele era, eu também não desejava *não* ter essa energia em minha vida.

Isso foi definitivamente um momento decisivo para mim. Foi um nível diferente de comprometimento com o Brendon e o Nash. Já que ele estaria na minha vida, eu também olhava para o que eu era para ele? Eu nunca disse ao Nash: "Eu sou sua mãe". Em vez disso, perguntei a ele: "O que você gostaria que eu fosse para você?"

Ao longo dos anos, faço essa pergunta para ele periodicamente. Sempre que chegarmos a um ponto difícil, perguntarei: "Ok, Nash, o que você gostaria que eu fosse para você? Eu posso ser isso".

Tivemos ótimas conversas ao longo dos anos. Agora ele é um adolescente, então vamos ver o que vem a seguir no caminho.

Compartilho essa história para mostrar que há momentos como este na vida que são desconfortáveis. Se você está disposto a ser você mesmo, não importa o que seja preciso, e se você não coloca muros e barreiras, então o que aparece é sempre maior.

Vulnerabilidade é uma força enorme em qualquer relacionamento, mesmo em um relacionamento comercial. Vejo que muitas pessoas se defendem quando há um problema, ao invés de admitir que estavam erradas. É preciso vulnerabilidade para dizer a alguém com sinceridade: "Eu estava sendo tão idiota; eu sinto muito mesmo. O que posso fazer para compensar o dano causado?"

Admitir que você agiu como uma cadela ou como um idiota desarma e cria possibilidades muito mais grandiosas do que se julgar ou lutar para provar que você está certo. Então, se você criou alguma porcaria em sua vida, seja vulnerável o suficiente para admitir isso para você mesmo. "Sim, eu criei uma porcaria, agora o que eu gostaria de escolher? O que eu gostaria de acrescentar à minha vida?"

Fazendo essa demanda de você mesmo, vai mudar o que está acontecendo e você não precisa fazer tudo sozinho. Você pode solicitar ajuda do universo. Você pode literalmente dizer: "Ei, universo, me ajude aqui".

O que você prefere escolher? Ficar bêbado e reclamar sobre o seu relacionamento ou fazer uma exigência de si mesmo para ser os cinco elementos da intimidade? Você pode escolher a primeira opção, se quiser.

Apenas reconheça que essa escolha não criará a mudança que você deseja.

Ferramentas do capítulo 11

- Vulnerabilidade é olhar para o que quer que apareça para você sem ter que contê-la ou sem ter de fazer uma cara animada, quando isso incomoda você,

- Uma pergunta para se fazer diariamente: "O que eu realmente desejo criar como minha vida?"

"Criar um ótimo relacionamento requer um nível de intimidade que pouquíssimas pessoas estão dispostas a ter, mesmo com outras pessoas."

Simone

CAPÍTULO 12

A chave da permissão

Brendon

Existe essa noção romântica de que estar em um relacionamento significa que você é um. Relacionamento não é que você seja um. Relacionamento é: "Você está aqui; eu estou aqui. O que podemos criar juntos que é mais grandioso do que o que podemos criar separados?"

Se Simone acorda estranha uma manhã ou está lidando com algo, eu não tento consertar as coisas para ela, mesmo que o trabalho de um homem seja consertar. Desde cedo, a maioria dos garotinhos é ensinado por suas mães a fazer coisas para as mulheres. Elas dizem coisas como "Você faria isso para a mamãe?" e, como homens, assumimos a função de consertar.

Mas percebi que ser invasivo no mundo de Simone não funciona. O que funciona é estar na permissão das escolhas dela e deixar que ela saiba: "Ei, eu vejo que você está de mau humor agora e, se você precisar de alguma coisa, estou aqui. É só pedir".

Permissão é uma parte grande na criação de um relacionamento generativo. Quando você permite que a outra pessoa escolha o que quer que ela escolha, você não precisa fazê-la de certa ou errada por nada. Você não tem que julgar as escolhas dela como boas ou ruins. Ao mesmo tempo, você não as deixa passarem por cima de você, porque permissão não é ser um capacho.

É ter nenhum ponto de vista, exceto que tudo é um ponto de vista interessante. Você pode literalmente dizer: "Ponto de vista interessante, estou escolhendo ser mal-humorado hoje", ou "Interessante ponto de vista que Simone está escolhendo ser mal-humorada hoje", ou o que quer que esteja acontecendo naquele momento.

Eu sempre achei fácil estar em permissão em relação a outras pessoas. Quando se tratava de estar em permissão em relação a mim, era uma história diferente porque nem sempre eu gostava de mim mesmo. Simone, todos os meus amigos e as pessoas ao meu redor ficavam dizendo: "Brendon, você é tão incrível; você é tão gentil e carinhoso". Eu pensava que eles eram um monte de malucos!

Depois de um tempo, comecei a imaginar o que eles viam em mim que eu não estava disposto a ver. Comecei olhar para mim através dos olhos deles. Aos poucos, comecei a reconhecer todas as coisas que fiz durante toda a minha vida, o carinho que eu tinha pelas pessoas e a gentileza que mostrei em diferentes situações. Puta merda! Foi quando comecei a olhar quem eu realmente era e não quem eu julgava ser. Por favor, saiba que isso não aconteceu da noite para o dia; eu ralei muito.

Outra coisa que me ajudou a sair do autojulgamento foi aproveitá-lo. Sempre que eu me pegava começando a julgar algo que eu tivesse dito ou feito, eu dizia: "Uau, estou me julgando severamente agora. Isso é incrível. Isso é hilário! Eu escolheria isso por qual motivo?" Isso deixou de ser sério e significativo para se tornar um tipo de brincadeira.

O PRESENTE DA PRESENÇA DE CADA UM

Simone

Brendon mudou muito. Mesmo assim, eu me lembro da época em que, durante três dias seguidos, ele não fez nada a não ser ficar amuado o dia todo. Já eu, sou daquelas pessoas que acorda com uma enorme quantidade de energia todas as manhãs.

Talvez eu saia para uma corrida ou pule para o meu computador e comece meu dia.

Mesmo que Brendon tenha ficado triste por três dias inteiros, não tentei animá-lo ou pensar que a tristeza dele era minha culpa. Apenas continuei criando e fazendo minhas coisas. No terceiro dia, ele olhou para mim e disse: "Você pode parar de ser tão feliz?"

Eu disse "Não".

Daí nós dois começamos a rir porque Brendon não tinha para onde ir depois dessa. Eu estava permitindo que ele escolhesse o humor em que ele estava, e eu não estava comprando aquilo. Finalmente, ele mesmo percebeu que ficar triste todos os dias da vida dele, enquanto eu estava andando por aí sendo feliz, não era muito divertido.

Esteja ciente de que a permissão nem sempre é um mar de rosas.

Permissão é caos e o caos é permissão. Deixe-me dar outro exemplo. Como mencionei em um capítulo anterior, Brendon é nosso CFO (Chief Financial Officer – Diretor Financeiro) e também administra nossa carteira de ações. Ele me inclui e, no entanto, é ele quem compra e vende ações por conta própria, com base em sua conscientização. Há momentos em que ele dirá: "Ei, vamos conversar sobre uma coisa". Normalmente, com uma taça de vinho ou em um táxi a caminho de um restaurante, falamos sobre uma ação e percebemos a conscientização um do outro sobre isso. No entanto, permito que ele faça suas escolhas com base no que ele sabe. Se algo parece estranho no meu mundo sobre uma certa ação, falo para o Brendon: "Isso é um pouco estranho..."

Eu me lembro de uma vez em que um casal de amigos estava em Nova Iorque. Ela tinha acabado de assumir o papel de CFO do relacionamento deles e, enquanto comprava e vendia ações um dia, ela perdeu US $ 50.000 em 30 segundos.

A resposta do marido foi: "Bem, querida. O que mais é possível e como pode melhorar?"

Ele sabia que tinha que estar totalmente na permissão pelo que tinha acabado de ocorrer, caso contrário, sua esposa começaria a julgar as escolhas que ela tinha feito. Ele também percebeu que: "Adivinha o quê? Ela também poderia ganhar 50 mil dólares em 30 segundos".

Isso permitiu a ele estar em total permissão a respeito das escolhas dela e na permissão dele mesmo ao entregar as rédeas de seu portfólio de ações para ela.

A verdadeira intimidade é ter permissão em relação à

outra pessoa e a cada coisa que ela escolher, mesmo que isso possa parecer um erro. Quantas pessoas estão dispostas a ter isso em seu relacionamento?

O número de mulheres que falam sobre mudar seus parceiros ou sobre tentar fazer com que façam algo diferente me surpreende. Senhoras, esse não é o seu trabalho! O homem em sua vida não pediu que você viesse e o transformasse naquilo que você decidiu ser o homem perfeito para você.

O homem ou a mulher que está ao seu lado pode ser um presente em sua vida. Um dos meus momentos favoritos do dia é quando pulo na cama com Brendon. Eu adoro dormir ao lado dele e não se trata de sexo. Acordo ao lado dele de manhã, posso tocá-lo e é um presente simplesmente estar na presença um do outro.

Houve uma manhã quando tivemos que levantar às 5h30 por algum motivo. Acordei primeiro e, quando ouvi Brendon mexendo, entrei no quarto e perguntei: "Você quer acordar com um *wristy*?" (Se você não sabe o que é um "wristy", isso é chamado de punheta nos Estados Unidos.)

A resposta de Brendon foi: "Eu tive os sonhos mais estranhos da noite passada".

Então, coloquei minha mão no peito dele suavemente, como se falasse "ei", e mostrando a ele sua energia. Então, perguntei se ele gostaria de um café. Ele disse: "Sim, isso seria ótimo".

Para mim, não havia diferença entre oferecer a ele uma punheta ou fazer uma xícara de café. Ambos foram feitos a partir da gentileza e gratidão que tenho por ele em minha vida. Eu não tornei nem café nem cópula significantes e isso é uma das coisas que torna nosso relacionamento tão diferente.

Você poderia facilmente imaginar um cenário distinto. O cenário dois poderia ter sido eu dizendo: "Como é que você não quer fazer sexo comigo?", eu poderia ter enlouquecido. No entanto, por que eu escolheria isso?

Naquele momento, quando ele estava acordando, eu o recebi na totalidade e ele me recebeu na totalidade. Não havia nada significativo sobre isso. Nós não fizemos nenhum de nós certo ou errado. Nós tivemos total permissão e nenhum julgamento um do outro.

Existe uma ferramenta do Access que usamos chamada viver em 10 segundos. É sobre viver na energia da criação constante. Você não sabe cognitivamente o que vai aparecer daqui a pouco na vida, contudo, a cada momento, você cria a energia que irá criar um futuro, irá acrescentar à sua vida e contribuir para a sua vida, e não contraí-la ou diminuí-la.

Se você não tem permissão em seu relacionamento atual, então veja o que você está escolhendo. É aqui que você precisa ser brutalmente honesto com você mesmo. Não se trata de tomar café com seus amigos e reclamar: "Oh, meu Deus, se ele mudasse isso e aquilo, as coisas seriam muito melhores". Porque você sempre tem a escolha de permanecer no relacionamento.

Se você é solteiro e deseja um relacionamento, comece a olhar para a energia que gostaria de convidar para a sua vida. Você pode fazer o que eu fiz e pedir por alguém que é gentil, carinhoso, atencioso e está disposto a criar com você.

No passado, bondade e carinho não eram coisas que eu procurava em um relacionamento. Parecia tão sem graça. Então, percebi que gentileza e carinho não dizem respeito a alguém abraçá-la constantemente e dizer como você é fantástica. Alguém que é gentil, carinhoso e atencioso permitirá que você seja você, não importa o que aconteça. Alguém que é gentil e atencioso também lhe dirá quando você está sendo um idiota. Eles estão dispostos em estar na permissão do que você escolher, sem ser um capacho.

Uma das minhas coisas favoritas sobre o Brendon é que ele não se alinha com o meu ponto de vista e concorda comigo quando estou agindo de forma louca, resistindo a algo ou não estando disposta a escolher algo. Ele me faz uma pergunta e depois permite que eu escolha algo diferente ou não.

Ferramentas do capítulo 12

- A verdadeira intimidade é permitir que a outra pessoa escolha o que quer que ela escolha, mesmo que pareça um erro para você.

- Se você é solteiro e deseja um relacionamento, peça por alguém que é gentil, carinhoso, atencioso e está disposto a criar com você.

"Senhoras, o homem em sua vida não pediu que você viesse e o transformasse naquilo que você decidiu ser o homem perfeito para você."

Simone

CAPÍTULO 13

Vivendo em gratidão

Simone

Pouco depois de conhecer Gary Douglas, fui a um seminário que ele estava ministrando sobre relacionamentos. Isso foi há alguns anos atrás e ainda sou grata a Gary porque foi a primeira vez que não me senti mal por não escolher estar em um relacionamento e não querer me casar e ter filhos. Percebi que podia criar minha vida a partir de um senso de aventura que sempre me atraía.

A vida não pode ser uma aventura quando você julga tudo como estando certo ou errado - isso é estar no controle. Ter a aventura de viver a partir das infinitas possibilidades disponíveis exige um nível de gratidão que poucas pessoas têm. Quando você tem gratidão, procura a conscientização em tudo o que ocorre em sua vida, os sucessos e os contratempos. À medida que sua gratidão aumenta, tudo se torna uma inclusão para uma possibilidade maior.

Um dia, eu estava conversando com Gary sobre gratidão e aqui está o que ele disse: "Gratidão é reconhecer que tudo e cada coisa na vida contribuem para você. A gratidão é nunca fechar o seu receber, para que você tenha ciência pelo que é grato, o que criará mais na vida. "

A partir da gratidão, tudo cresce e se expande. No entanto, nunca fomos ensinados a ser gratos por cada coisinha na vida – os bons, os desagradáveis e os terríveis. Não é fácil ser grato quando as coisas não estão indo do jeito que você gostaria. Por exemplo, vamos pegar o dinheiro. Com que frequência você é grato por dinheiro? Ou julga o dinheiro que não tem? Você julga a quantidade de dinheiro que gostaria de ter? Se você tem dinheiro na sua conta bancária ou não, seja grato por isso e saiba que não há limite para a quantidade de dinheiro que você pode convidar para sua vida. Limitação não pode existir simultaneamente com gratidão. Julgamento não pode existir simultaneamente com gratidão.

Quando você julga as pessoas em sua vida, sejam seus parceiros, filhos ou até as pessoas com quem trabalha, você para de vê-las como sendo valiosas. Se você tem gratidão por elas, começa a ver o valor delas de maneira que não estava disposto a reconhecer antes. O propósito da gratidão é aumentar sua conscientização. E quando sua conscientização aumenta, o seu dinheiro também flui. Para mim, quanto mais eu sou grata por Brendon, mais dinheiro ele ganha e mais dinheiro eu ganho. Não é linear; dinheiro nunca é!

Pesquisas descobriram que, quando alguém fala com uma planta e é grato por ela e a trata com admiração, essa planta cresce mais rapidamente. Se alguém grita com sua planta e abusa dela, ela começa a se contrair e a morrer. É isso que você está fazendo, gritando consigo mesmo por perceber falhas, pelas coisas que você não criou e pelo dinheiro que não ganhou. O julgamento sempre contrai sua energia e mata todas as suas possibilidades futuras.

E se todos os dias, mesmo quando não ganhasse dinheiro, você fizesse "hei, toca aqui" consigo mesmo e dissesse: "Sim! Eu sou o melhor". Ou enviasse a si mesmo o emoji "Você é demais". Isso não parece mais divertido do que ficar mergulhado no julgamento de si mesmo por ser ruim e errado por não ganhar muito dinheiro?

Uma pergunta que Brendon e eu fazemos todos os dias é: que fluxos de renda podemos criar e o que podemos adicionar às nossas vidas?

Depois, continuamos nosso dia, porque não temos uma ideia definida sobre como esses fluxos de renda irão aparecer. Não se trata de escrever uma lista de tarefas. Quando tomarmos ciência de uma energia que nos convida a uma possibilidade diferente, agiremos.

Continuamos escolhendo e seguindo adiante e continuamos seguindo a energia da aventura que nos permite criar muito mais do que antes. E temos gratidão por todas as escolhas que estamos fazendo, até pelos chamados erros.

ATITUDES CASUAIS DE GRATIDÃO

Eu sei que posso ser bastante intensa e totalmente ligada. Eu ando a 160 quilômetros por hora e, no entanto, Brendon adora morar comigo. Ele está disposto a que eu seja eu e eu estou disposta a que ele seja ele.

Você é grato pelo homem ou pela mulher em sua vida e pelo que estão criando juntos?

Quando você é grato pelo que está criando, coisas incríveis aparecem; atos espontâneos de gratidão aparecem. Lembro-me de uma ocasião em que estava dando duro por algo e Brendon disse: "Gostaria que você pudesse ver o quão maravilhosa você é. Gostaria que você visse o quão maravilhosa você é através dos meus olhos".

Ser totalmente vulnerável e receber gratidão dos outros nem sempre é confortável e é uma escolha que pode transformar sua vida e transformar seu relacionamento.

E SE NÃO TIVER NADA DE ERRADO COM O SEU RELACIONAMENTO?

Brendon

Se você tem gratidão por você, nunca se julgará. Se você tem gratidão pelo seu parceiro, nunca o julgará.

As pessoas que estão em um relacionamento gostam de falar sobre o que há de errado com o relacionamento delas. O que eu digo é: "Nunca há nada de errado com seu relacionamento. Existe apenas o que você não está disposto a escolher".

Para ser sincero, entrei nesse relacionamento pensando que seria um trabalho árduo. Até aquele momento, minha vida toda tinha sido sobre o quão difícil é tudo e como você tem que lutar para ter sucesso.

Durante 30 anos da minha vida, pensei que toda a tristeza e infelicidade que percebi eram minhas. Eu estava convencido de que era triste, infeliz e deprimido. Antes que as coisas mudassem, levei dois ou três anos perguntando: "A quem isso pertence?" sem parar, toda vez que a tristeza aparecia. Finalmente, cheguei a um ponto em que era mais fácil ter conscientização das energias. A partir daquele momento, eu poderia perceber tristeza e saber que não é minha. Ela não desaparece necessariamente quando pergunto: "A quem pertence isso?", contudo agora estou ciente da minha realidade e tenho uma noção de quem sou.

Simone é exatamente o oposto. Todas as manhãs, ela acorda animada para criar e, na minha cabeça, eu pensava: "Por que você está tão feliz? Eu só quero voltar a dormir".

Você conhece o ditado: "Não julgue alguém até que tenha andado uma milha no sapato dele"? Sempre serei grato por ela não ter me julgado. Ela me deu o espaço para descobrir por mim mesmo a vida que eu desejava criar.

Simone estava disposta a ver quem eu era, muito antes de mim. Ela dizia coisas como: "Você é um cara legal; você é incrível". *Não* era assim que eu me via na época.

Quando nos conhecemos, eu tinha zero dólar no banco, ou digamos que estava no vermelho. Ela poderia ter me expulsado. Ela poderia ter dito: "Vá trabalhar". Ela viu em mim o que eu poderia criar que ainda não estava criando e ela sempre estava lá para mim. Sou grato por ela sempre estar lá para me apoiar.

Uma das coisas pelas quais sou grato é que, se um de nós está exausto ou tem alguma coisa acontecendo, a outra pessoa não precisa resolver nada. Isso não significa que ignoramos a outra pessoa e deixamos que ela sofra! Vemos no que poderíamos contribuir para ajudá-la. Eu poderia correr as Barras da Simone ou fazer outra coisa?

Houve um momento em que eu estava tendo dificuldades. Atingi minha capacidade máxima de ser ranzinza. Nunca fiquei tão mal assim.

Simone disse: "Você quer ir a algum lugar sozinho por alguns dias e eu fico com Nash?" Fiquei tão agradecido por isso. Não tinha vontade de fazer isso, porque minha vida é muito mais fácil quando estou perto dela, mas ter a liberdade de escolher me ajudou muito.

A gratidão é uma ferramenta que você pode usar em seu relacionamento imediatamente. Todos os dias, olhe para a pessoa com quem você se relaciona e pergunte a si mesmo: "Qual é a aquela coisa sobre ele/ela pela qual eu sou mais grato?" Seu relacionamento sempre se expandirá porque a gratidão tem essa energia de expansão.

A FORMA COMO TEMOS NOS RELACIONADO NÃO FUNCIONA

Simone

Uma das coisas que ocorre quando você funciona a partir da gratidão é que sua capacidade de receber aumentará. Isso não significa que tudo será alegre em todos os momentos do dia. Há momentos na vida que nem sempre são tão fáceis quanto você gostaria que fossem.

No relacionamento, haverá momentos em que você ficará chateado, e Brendon e eu também temos isso. Não dizemos: "Temos isso". Usamos as ferramentas, e algumas delas não são tão fáceis de usar.

Um dia, fiquei chateada com Brendon com alguma coisa, não me lembro exatamente do que se tratava. Como eu disse antes, moramos em frente à praia, então fui dar uma volta para arejar a cabeça. Naquele momento, Gary me ligou. Ele percebeu imediatamente que eu estava chateada e a primeira coisa que ele disse foi: "O que houve?"

Eu disse: "Estou irritada com o Brendon..."

Gary disse: "Você precisa ir para casa e fazer tudo para ele".

Essa era a última coisa no mundo que eu queria

fazer. Como eu sabia que as ferramentas do Access funcionavam para tudo, fui para casa e fiz exatamente o que Gary havia sugerido. Em 10 minutos – eu não estou brincando – Brendon estava dizendo: "Querida, posso pegar uma bebida para você? Você gostaria de um Bloody Mary? O que posso fazer para você jantar hoje à noite?"

Lembro-me de sentar no sofá e pensar: "Sério? Essa merda realmente funciona!"

Essa ferramenta ainda é, às vezes, difícil para eu usar e, se eu percebo que algo não é tão criativo com o Brendon quanto eu gostaria, eu a uso. Porque esse relacionamento não aconteceu por acaso. Nós o criamos usando as ferramentas e por nossas escolhas.

Se alguém está sendo um idiota, é apenas um idiota ou há algo que ele requer e que não está conseguindo. Use a ferramenta de fazer tudo para ele. Você pode copiar o que as mulheres fizeram na década de 1950. Quando seu homem chegar a casa, sirva um uísque para ele. Cozinhe o jantar para ele e reconheça-o. Leve-o para o quarto ou tome um banho com ele. Faça tudo para ele e veja o que muda em seu relacionamento.

Essa ferramenta, como todas as ferramentas do Access Consciousness®, diz respeito a você ter mais escolhas e mais conscientização para que possa escolher algo diferente. Na verdade, a maneira como temos nos relacionado simplesmente não funciona para muitas pessoas. A definição de insanidade de Einstein é fazer a mesma coisa repetidamente e esperar um resultado diferente. E se fizéssemos algo totalmente diferente? E se você criasse um relacionamento totalmente não convencional?

Em um relacionamento convencional, os bons tempos são as férias e o sexo, enquanto os maus momentos são as brigas, discussões e o sexo de reconciliação. Sinto muito. De forma alguma, eu me interessaria por sexo de reconciliação e sei que Brendon também não.

Ferramentas do capítulo 13

- Pratique gratidão por seu parceiro. Irá aumentar sua conscientização e, quando sua conscientização aumenta, aumenta também seu fluxo de dinheiro. Quanto mais a Simone era grata ao Brendon, mais dinheiro ele ganhava e mais dinheiro ela ganhava.

- Uma pergunta a ser feita todos os dias: que fonte de renda você pode criar e o que você pode acrescentar em sua vida?

"Se você tem gratidão por você, nunca se julgará. Se você tem gratidão pelo seu parceiro, nunca o julgará."

Brendon Watt

CAPÍTULO 14

Você confia em mim?

Simone

Se você já esteve em um relacionamento no qual havia muito pouca honra ou confiança, então saberá que não é agradável nem produtivo.

No passado, escolhi alguns relacionamentos horríveis. Havia um relacionamento em particular em que eu costumava acordar chorando todas as manhãs – e eu achava isso normal. Ele não era fisicamente abusivo; ele constantemente me colocava para baixo e me fazia pensar que eu não tinha valor, o que correspondia ao meu julgamento de mim mesma na época.

Depois, esse homem e eu éramos colegas de casa. Após terminar comigo, ele ficou com outra garota e costumava fazer sexo com ela no quarto em frente ao meu. Eu podia ouvi-los claramente. Porque eu achava que ainda estivava apaixonada por ele, pensava que eu deveria ter feito algo errado. Esse nível de crueldade em relação a alguém não é apenas inaceitável; é totalmente desonroso. Estar disposto a honrar a si mesmo e à outra pessoa é um grande passo para fazer um relacionamento funcionar.

Honrar é tratar alguém com respeito e não desconsiderar ninguém. Quando você trata alguém com respeito, você olha para o mundo dessa pessoa e vê quem ela é. Você reconhece o que ela deseja a cada momento. Você vê o que ela pode receber, o que ela acha que é importante, mas não a empurra na direção em que gostaria que ela seguisse. Você permite que ela escolha por si mesma.

Quando eu fiquei pela primeira vez com o Brendon, Gary me disse: "Você precisa deixar Brendon criar sua vida; você precisa ficar fora disso. Não se envolva".

Quem me conhece sabe que, quando me envolvo em algo, tenho a tendência a assumir o controle!

Brendon é um pai fantástico. Existem muitas maneiras pelas quais ele pode capacitar outros pais para que eles tenham facilidade com parentalidade. Se eu tivesse insistido que ele fizesse as coisas do meu jeito, eu não estaria honrando suas escolhas.

Assim, nos três primeiros anos, sempre que Brendon tinha uma ideia, permiti que ele criasse da maneira dele e eu estava sempre disponível para conversar sobre qualquer coisa.

Às vezes, apenas ter uma conversa em que você está em totalmente permissão com a outra pessoa e ouvir o que ela está criando é uma contribuição enorme para ela e uma enorme contribuição para o seu relacionamento.

Por exemplo, você poderia perguntar ao seu parceiro sobre o que ele está criando, como: "Isso é divertido para você? Isso deixa você mais leve?"

Não diga a ele: "Acho que você deve fazer isso e aquilo", e é assim que tantas pessoas funcionam nos relacionamentos. Quando você tenta determinar o que alguém deveria escolher com base em seus pontos de vista, na verdade você está menosprezando essa pessoa e o que ela pode escolher.

Fazer uma escolha para honrar o outro nem sempre é uma coisa popular. Lembro-me de um dia em particular quando acordei com um grande faniquito. Brendon, Nash e eu estávamos indo para o mesmo curso do Access naquele dia em Noosa, na Costa do Sol de Queensland.

Como você honra a todos, toda a família, quando você não quer se envolver com nada?

Então, percebi uma coisa: nós temos dois carros! Dirigir o meu carro ouvindo música muito alta era mais expansivo para mim e para eles do que entrar em um carro com Brendon e Nash e permanecer rabugenta. Então, foi isso que fiz.

Para muitas pessoas, estar em um relacionamento significa ter que fazer tudo junto e ter que ficar juntos o tempo todo. Não. Ser capaz de escolher *o que* você quer e *quando* quer escolher é, na verdade, uma das coisas mais inclusivas que você pode fazer em um relacionamento. Então, cada escolha que você faz é uma contribuição constante para a outra pessoa e seu filho. É assim que você cria um relacionamento que realmente funciona para você.

Brendon

Honra também é a disposição de ter consideração por você, o que significa que você reconhece o presente que é para você. Não o presente que você é para todos. Para você! E você não se diminui diante de ninguém ou se vende como menos. Quantas pessoas entram em um relacionamento com base na aparência de alguém ou no que pensam que têm, em vez de quem eles são? Só porque alguém está em um pacote bonito, ou tem uma boa aparência, não significa nada. O que me interessa é quem a pessoa é enquanto ser e com o que pode contribuir.

Todos temos capacidades diferentes. Todos somos excelentes à nossa maneira, mas muitas vezes nos olhamos através dos pontos de vista de outras pessoas, que geralmente se baseiam em mentiras.

Se você realmente deseja um relacionamento que vai funcionar, não pode entrar nele esperando que a outra pessoa o valide por qualquer coisa. Você tem que saber o seu valor. Mesmo que ninguém mais saiba, esteja disposto a se reconhecer. Não espere ninguém fazer isso. Porque, se você está procurando alguém para validá-lo por algo, você já decidiu que é inferior.

Nosso relacionamento funciona tão bem porque a Simone está disposta a se honrar e está disposta a me honrar. Honrar tem um senso de longevidade. Quando você trata alguém com respeito a todo o momento, isso se acumula ao longo dos anos, porque todo dia é diferente. O que é honrar a Simone hoje será diferente amanhã. Mudará constantemente à medida que *nós* mudamos e as circunstâncias de nossa vida mudam.

CONFIANÇA NÃO É PROPRIEDADE

Brendon

As pessoas falam muito sobre confiança no relacionamento. Confiança e honra não são propriedades. Não há posse em nosso relacionamento. Eu não possuo a Simone; ela não é minha dona. Confiamos totalmente um no outro para escolher mais, porque sempre o fizemos. Mesmo quando essas escolhas não saíram da maneira que eu pensava, as escolhas que fiz me levaram aonde eu precisava.

E isso é o mesmo para você também. Por favor, reconheça que você nunca fez nenhuma escolha errada. Talvez você tenha feito algumas escolhas que pareciam muito estúpidas. No entanto, todas essas escolhas levaram você para onde você está hoje.

Você já ouviu alguém dizer: "Confio que não vão me trair"? Isso não é confiança; isso é ter fé cega na outra pessoa e não funciona. No instante em que você confia que seu parceiro, sempre fará a coisa certa, você corta a sua conscientização.

Eu estava conversando recentemente com uma mulher que ficava se relacionando com homens que depois a traía. Sugeri que, *antes* que ela entrasse em qualquer relacionamento, fizesse algumas perguntas sobre a pessoa: "Esse cara vai me trair? Sim? Não?"

Esta é uma ferramenta que você pode usar também. Se, depois de fazer essas perguntas, você perceber que a pessoa vai trair, nem vá lá. É muito trabalho, porra. E, se você está em um relacionamento em que a pessoa já traiu você, por favor reconheça que não é porque você é ruim ou errado(a). Essa pessoa enganou você porque decidiu que não é boa o suficiente ou que precisa de outra coisa.

Simone

Confiança não é o que você pensa que é. No começo, tanto Brendon quanto eu confiávamos que a outra pessoa seria má e abusiva e deixaria o relacionamento. Agora, acredito que o Brendon sempre escolherá o que será mais grandioso para ele, mesmo que isso signifique sair e encontrar outra mulher. Esse é um exemplo bastante extremo, porque eu sei que ele não me trairia deliberadamente ou faria algo para me machucar. Se a vida dele estiver avançando e ele encontrar algo mais grandioso, acredito que ele escolherá isso e não desistirá dele para permanecer em um relacionamento comigo.

Às vezes, em nossos seminários, as pessoas nos fazem perguntas sobre fazer sexo com outras pessoas estando em um relacionamento. Pessoalmente, nunca desejei isso. Adoro fazer sexo com o Brendon e essa é a escolha que faço todos os dias. Eu acredito que, se ele fizesse isso, não seria me trair. Isso não seria feito contra mim, e sim como uma expansão dele. É por isso que o relacionamento tem que ser uma escolha todos os dias, ou você o mata.

Brendon

Temos a tendência de confiar na outra pessoa, é igualmente importante confiar em si mesmo. Se você estiver disposto a confiar em você, reconhecerá quem é uma pessoa digna de confiança e quem não é.

Confiar em si mesmo é saber que você pode lidar com sua vida e com as situações da sua vida. Você não funciona a partir da necessidade de outra pessoa ou a torna a fonte de sua vida. Quando você confia em você, mesmo que haja obstáculos na estrada, você sabe que encontrará o caminho.

Muitas pessoas têm essa ideia de que, uma vez que estejam em relacionamento com alguém, devem se apegar à outra pessoa e esse é o nível de intimidade com ela. Pode funcionar nas primeiras semanas, no entanto, ao final, essa atração necessária se tornará um dreno no relacionamento.

As pessoas têm *necessidade* no relacionamento por dois motivos comuns: elas já decidiram que falta algo e estão buscando que a outra pessoa valide quem elas decidiram que não podem ser, ou então querem esconder algo.

Você não criará intimidade em nenhum relacionamento que não diga respeito a acrescentar algo à sua vida em longo prazo. E, como a Simone disse, se você não pode confiar em si mesmo, honrar-se, ser grato e vulnerável consigo mesmo, não pode esperar ter isso com mais ninguém.

Ferramentas do capítulo 14

- Esteja disposto a tratar você e seu parceiro com respeito mesmo que não seja a coisa mais popular a ser feita.

- Confiança nem sempre diz respeito à outra pessoa; se você estiver disposto a confiar em você, reconhecerá quem é uma pessoa confiável e quem não é.

"Confiança não é o que você pensa que é. Se a vida de Brendon estiver avançando e ele encontrar algo mais grandioso, acredito que ele escolherá isso e não desistirá dele para permanecer em um relacionamento comigo."

Simone

"Confiança e honra não são propriedades... Eu não possuo a Simone; ela não é minha dona. Confiamos totalmente um no outro para escolher mais, porque sempre o fizemos."

Brendon

CAPÍTULO 15

Hora do Sexo

Simone

O que você decidiu que o sexo tem que ser que não é?

Eu costumava pensar que, se você estivesse em um relacionamento, significava que fazia sexo o tempo todo e que, toda vez que se viam, dizia respeito a pular na cama. Não é isso que retratam nos filmes?

Um dia, o impensável aconteceu. Eu queria fazer sexo e o Brendon não. Em vez disso, ele disse: "Você quer dar um passeio na praia e jantar?"

Imediatamente depois disso, ele disse: "Nojento! Eu realmente disse isso?"

Eu respondi: "Sim, você disse".

Nós tínhamos começado a sair juntos e me lembro de pirar porque, se o Brendon e eu estivéssemos apenas saindo e fazendo sexo, eu poderia lidar com isso. Ter alguém na minha vida que desejava sair comigo porque achava que eu era incrível e maravilhosa, isso me surtou. Eu tinha que estar vulnerável e ver como eu era uma contribuição para ele e como ele era uma contribuição para mim. Foi quando o Brendon olhou para mim e disse: "Você *entende* que isso não é apenas sexo para mim, certo?"

...

Brendon tem uma visão diferente sobre sexo. Ele não é como a maioria das pessoas que são excitadas pelo julgamento. Ele é uma daquelas pessoas raras que não têm julgamento em seu mundo. Certa vez, ele disse: "Com que frequência duas pessoas fazem sexo porque as duas estão desejando ao mesmo tempo? Geralmente, uma pessoa está fazendo isso para agradar a outra."

Percebi que ele estava certo. Definitivamente, houve momentos em nosso relacionamento em que pedi sexo e ele disse: "Agora não, querida".

Teria sido fácil ficar ofendida com isso, em vez de reconhecer que ele simplesmente não desejava fazer sexo naquele momento.

E se toda vez que você fizesse sexo fosse diferente? Brendon me mostrou como ter muito mais facilidade e diversão com sexo. Não importa o que está acontecendo ou o que ocorreu; nós temos um senso de brincadeira. Isso é literalmente o que deveria ser.

Se você tem alguém em sua vida, poderia perguntar: "Você quer tirar a roupa e ficar nu e brincar?" Isso não significa que você tem que fazer sexo; isso não significa que você tem que ter um orgasmo; não tem que durar horas. Não significa nada, exceto: você quer ficar nu e brincar?

SEXO E RELACIONAMENTO SÃO DUAS COISAS DIFERENTES

Brendon

Muitas pessoas usam o sexo para validar quem são. O raciocínio delas é que, se elas podem dar prazer a alguém, então devem ser bons no sexo, ou devem ser uma boa pessoa. Existem pessoas que usam o sexo para validar o status de seu relacionamento dizendo: "Se o sexo é bom, então o relacionamento é bom".

Sexo e relacionamento são duas coisas completamente diferentes.

O sexo é uma grande parte do relacionamento, mas não é tudo. O que o tornaria mais grandioso é olhar para o que você pode fazer hoje para curtir muito o sexo com o seu parceiro, em vez de decidir o que significa fazer sexo antes mesmo de tocá-lo.

As pessoas atribuem muito significado ao sexo e isso sempre me confundiu, mesmo quando menino. Eu sou um pouco diferente. Para mim, sexo é algo que você faz simplesmente pela alegria dele. Não é diferente de jogar frisbee na praia. Não tornamos isso significativo!

E se olharmos para fazer sexo da mesma maneira? Poderia durar 10 minutos. Poderia durar uma hora, quem se importa desde que você esteja curtindo? Comece a desfrutar de seus relacionamentos. Comece a gostar de sexo. Como seria o prazer do sexo para você?

O QUE PAGAR POR SEXO MUDARIA PARA VOCÊ?

Simone

Durante os primeiros 18 meses em que estivemos juntos, quando eu apoiei totalmente o Brendon enquanto ele descobria o que queria fazer, ele não tinha dinheiro próprio. Não é bom ter que pedir US$ 50 para comprar uma garrafa de vinho para acompanhar a refeição incrível que ele estava cozinhando para nós. Além disso, eu não queria dizer: "Aqui estão 50 dólares por ter feito o jantar".

Um dia, Gary Douglas sugeriu que eu oferecesse pagar o Brendon por sexo. Isso não foi uma cena fácil para mim. Eu *não* queria pagar por sexo! Significaria que eu era uma prostituta, ou que eu não conseguiria sexo sem pagar por isso etc. Milhões de desculpas e razões para não fazer isso me ocorreram. Dada a resistência que eu tinha com essa ideia, eu sabia que continuar com ela criaria uma mudança dinâmica para mim.

Eu também queria empoderar o Brendon a fazer suas próprias escolhas com dinheiro. Eu não queria que ele dependesse de mim; eu desejava que ele criasse a vida dele e fosse tão grandioso quanto eu sabia que ele era. Por mais desconfortável que fosse, fui para casa e sugeri que fizéssemos sexo.

Brendon estava ocupado fazendo alguma coisa e não estava tão interessado. Foi quando eu disse: "E se eu pagasse $500 para fazer sexo?"

O corpo inteiro dele se iluminou quando eu disse isso. E nós nos divertimos muito! O sexo foi incrível e depois deixei o dinheiro na mesinha de cabeceira – fizemos uma piada disso.

O que eu mais amei com isso foi que Brendon saiu e gastou metade do dinheiro com ele mesmo para receber uma massagem. Com o resto do dinheiro, ele nos comprou o jantar e um vinho. Eu sabia que ele tinha se sentido muito bem por ter dinheiro e poder escolher fazer o que quisesse. Foi uma honra para ele e superei meu ponto de vista de que pagar por sexo era ruim e errado. Todo mundo faz isso. Se você está fazendo sexo, está pagando por isso de alguma forma. Então, se você gostaria de apimentar as coisas em seu relacionamento, você poderia fazer isso.

ALEGRIA E RISADA DURANTE O SEXO

Brendon

O que eu sempre digo é: divirta-se com o sexo. Aja como se o sexo fosse um grande jogo e não uma necessidade. Invente e faça diferente. Pode estar no banco da cozinha. E se você perguntasse ao seu homem: "Ei, você quer um boquete na cozinha?" Faça com que seja divertido para vocês dois e não algo que vocês fazem como programado simplesmente porque é sexta à noite e é hora de sexo. Quando é espontâneo, geralmente é quando vocês curtem muito.

Houve uma vez em que Simone queria fazer sexo e eu não queria. O jeito que eu vejo é: as duas pessoas devem desejar fazer sexo. Se eu tivesse ido adiante, que contribuição isso teria sido para mim ou para ela? Eu teria desistido de mim para fazê-la feliz. Sexo diz respeito à interação entre vocês e à alegre contribuição que podem ser para vocês e seus corpos.

Só porque eu não queria sexo naquele dia em particular não significava que não gostaria que me perguntasse outra hora. Portanto, se você toma a iniciativa do sexo com sua mulher ou seu homem e eles dizem não, não se faça de errado. Isso não significa que agora você deve esperar a outra pessoa perguntar.

E se, algum tempo depois, você simplesmente perguntasse novamente? É isso que eu quero dizer sobre se divertir e brincar. Já reparou que, quando as crianças querem brincar, elas perguntam: "Podemos ir ao parque?" Se você diz: "Agora não", elas esperam um pouco e perguntam repetidas vezes, porque, da próxima vez, você pode dizer: "Sim, eu adoraria ir ao parque com você".

Quantas pessoas realmente têm alegria e dão risada durante o sexo?

Sexo e cópula têm sido utilizados como uma ferramenta e uma arma nesta realidade. Algumas pessoas usam a cópula para provar algo sobre si mesmas, o que significa que elas já estão em julgamento. Sexo sem julgamento é não ter um ponto de vista sobre como deve ser, quanto tempo deve durar, quem deve ter o primeiro orgasmo. Tudo isso são julgamentos. Muitos homens requerem o julgamento para ficarem excitados porque aprenderam sobre sexo vendo pornografia ou com pessoas que julgam. Se essas são as pessoas com quem você gosta de copular, tudo bem, apenas saiba que você deve colocar um nível de julgamento no mundo delas para que elas se excitem.

Existem literalmente milhares e milhares de pontos de vista em torno do sexo. Alguns podem ser: "Se eu faço sexo com eles, posso controlá-los", ou "Se eu faço sexo com eles, então eles vão ficar comigo". O que qualquer uma dessas coisas têm a ver com diversão?

Se você deseja fazer sexo pela pura alegria dele, aqui estão quatro perguntas para se fazer: "Será divertido? Será fácil? Vou aprender alguma coisa? Estarei feliz depois?" Todas as perguntas que você fizer lhe darão alguma conscientização energética. Se não for divertido, pare nessa pergunta. Não faça as perguntas seguintes. O sexo não precisa ser tão sério e significativo quanto foi feito para ser.

...

Simone

Existem estudos para mostrar que, uma vez que as pessoas estão casadas há um tempo, o número de vezes em que fazem sexo por ano diminui. Quanto mais tempo eles permanecem casadas, menos sexo elas têm. É assim que é relacionamento nessa realidade; não precisa ser assim.

Se você quiser se divertir com o sexo, na próxima vez que estiver jantando com o seu querido, aponte as pessoas ao seu redor. Quando saímos, muitas vezes digo ao Brendon: "Olha essa garota, olhe para as pernas longas dela".

E, muitas vezes, serei eu a iniciar o sexo, porque é isso que a maioria das mulheres faz. A maioria dos homens foi ensinado a esperar que a mulher diga sim. Se uma mulher diz "Não", o homem precisa recuar. Há mulheres que emitem essa vibração do "Não, não hoje à noite", então o homem tende a não iniciar as coisas.

Se as coisas ficarem menos quentes no quarto, comece com mais brincadeiras. Você pode apenas acariciar seu parceiro ou fazer uma boa massagem nos pés. Mesmo que você brinque com você mesma no chuveiro ou com seu parceiro, simplesmente faça a partir da alegre energia orgásmica. Não precisa chegar à cópula.

Ferramentas do capítulo 15

O sexo não precisa ser tão sério e significativo como a maioria das pessoas pensa. Se você deseja fazer sexo por pura alegria, há quatro perguntas a fazer:

- Vai ser divertido?
- Vai ser fácil?
- Vou aprender alguma coisa?
- Vou estar feliz depois?

Cada pergunta que fizer lhe dará alguma conscientização energética.

"Se você tem alguém em sua vida, pergunte: Você quer tirar a roupa e ficar nu e brincar?"

Simone

CAPÍTULO 16

Compartilhar não é cuidar

Simone

Já reparou que homens e mulheres se comunicam de maneiras diferentes?

Se você deseja ter momentos mais fáceis no relacionamento, uma das ferramentas é comunicar-se com seu amante, ou o seu Amado, da maneira com que *ele* gosta de se comunicar. Existem diferentes estilos de comunicação para homens e mulheres e nenhum deles está certo ou errado. O simples uso dessa ferramenta fará uma enorme diferença no seu relacionamento.

O estilo de comunicação de um homem geralmente é bastante direto. Ele pode dizer coisas como: "Vamos fazer isso, isso, isso, isso, isso".

Enquanto alguém que se comunica como uma mulher geralmente precisa conversar e falar como se sente. Isso não é algo que somente as mulheres fazem; eu definitivamente conheço alguns homens que se comunicam assim também.

Para dar um exemplo do mundo dos negócios: quando trato com pessoas que funcionam mais como um homem, sei que podemos ir direto ao assunto. Então, direi a elas: "Isso funcionará? Ok, vamos fazer isso; vamos mudar isso". Nos negócios, eu definitivamente me comunico mais como um homem se comunica e terminamos as coisas muito rápido.

Há outras pessoas com quem negocio que precisam conversar mais. Quando estou em uma reunião com elas, começo com uma conversa fiada e permito que elas falem. Geralmente, algo que poderia ser feito em 10 minutos pode levar pelo menos uma hora, e eu aprendi a estar na permissão com essas pessoas. Não se trata de julgar seu parceiro ou colegas de trabalho. Use essas informações para tomar ciência de como alguém gosta de se comunicar, para que você tenha mais clareza e facilidade de comunicação em todos os seus relacionamentos, não apenas nos íntimos.

NUNCA COMPARTILHE COM O SEU HOMEM

Brendon

Um dos mitos que nos dizem é que, para um relacionamento ser forte, vocês precisam ser abertos um com o outro e comunicar tudo. Isso geralmente significa que você precisa dar o seu ponto de vista a alguém e esse alguém precisa dar o dele. Essa é uma rua de mão única; não é comunicação.

Se você estiver disposto a olhar para sua namorada, amante ou esposa a partir da perspectiva de "O que essa pessoa pode ouvir e o que essa pessoa pode receber?" - você se comunicará de maneira muito diferente com ela. Antes de abrir a boca para dizer qualquer coisa, sempre se pergunte: o que essa pessoa pode ouvir? Nunca, nunca conte a alguém o que ele não pode ouvir. Se o fizer, ele tem que lutar com você para se defender.

Outro ponto importante a ser lembrado com seu cavalheiro, ou com sua dama, é não ajudá-los, a menos que eles peçam. Assim que vai ajudar alguém, já assumiu que sabe mais e é superior. Se você fizer isso com um homem, ele irá, necessariamente, levantar muros e barreiras para você e não vai ouvir o que você tem a dizer.

Senhoras, ao se comunicar com o seu homem, façam perguntas a ele para terem uma perspectiva das coisas. Literalmente pergunte ao seu homem: "Qual é o seu ponto de vista sobre isso? Como você vê isso funcionando?" Você começará a ter clareza de como ele funciona, o que ele deseja criar na vida e como você pode contribuir para isso.

Anos e anos atrás, quando eu não trabalhava porque odiava ser ladrilhador, eu tinha diferentes ideias de coisas que eu poderia fazer na minha vida. Simone, sendo o supertrator e a rainha criativa que é, vinha com muitas sugestões magníficas. Ela pode extrapolar mais uma ideia em 10 minutos do que a maioria das pessoas em um ano inteiro. Isso era sufocante para mim, ou pelo menos eu decidi isso na época. Foi quando Gary disse a ela: "Você *não* deve ajudá-lo, a menos que ele peça".

Quando você tenta ajudar alguém sem que essa pessoa peça, ela irá resistir, e foi o que eu fiz. Então, espere e, quando souber que pode contribuir com a outra pessoa, faça-o a partir de um espaço de convite. O número de coisas diferentes para as quais Simone me convidou é incrível. Ela sempre faz isso a partir de um espaço de convite, não a partir da expectativa.

Se você realmente quiser dar alguma informação ao seu homem, veja como você pode falar isso a ele de uma maneira que ele possa receber. Que pergunta você poderia fazer? Que comentário você poderia fazer? O que vai funcionar?

Pode ser que você faça sexo primeiro, após o qual você tem toda a atenção dele por mais ou menos 10 minutos e esse é o momento de conseguir o que quiser! Essa é a alegria e a diversão da manipulação nos relacionamentos e se você estiver disposta a ter isso, tudo será muito mais fácil. E se relacionamento fosse divertido e não algo deprimente que é criado para se encaixar nessa realidade?

HOMENS NÃO QUEREM DISCUTIR AS COISAS

Simone

Uma das ideias irritantes sobre relacionamento, que foi perpetrada em nós, é que precisamos compartilhar tudo um com o outro. Senhoras, se vocês saíram às compras, não volte para casa e espere compartilhar com seu parceiro. Não é para isso que ele está lá. Os homens não querem sentar e ouvir vocês falarem sobre sapatos. Não funciona para eles.

Quando quero compartilhar algo, procuro uma amiga ou um homem que gosta de ser menina. Sim, eles estão por aí!

Os homens não gostam de compartilhar. Os homens requerem espaço. Há momentos na vida em que seu parceiro talvez queira ficar com raiva ou frustrado. Deixe-o curtir isso. Se o Brendon está ranzinza, não pergunto: "O que eu fiz? É comigo?", o que pode ser frustrante para um homem. Talvez eu diga: "Posso contribuir com algo?", o que dá a ele a escolha de dizer sim ou não.

Alguns homens podem querer sentar na frente da TV por um tempo ou ler um livro enquanto processam as coisas. Eu tenho um amigo que gosta de jogar videogame. Não fique chateada com seu parceiro por fazer coisas desse tipo. Se ele não quiser conversar, não o force.

Quando você quiser dar alguma informação ao seu homem, veja como você pode dizê-lo de uma maneira que ele possa recebê-la. Que pergunta você poderia fazer? Que comentário você poderia fazer? Pode ser que você faça sexo primeiro, após o que você tem toda a atenção dele por cerca de 10 minutos!

Ferramentas do capítulo 16

- Se você deseja momentos mais fáceis no relacionamento, comunique-se com seu Amado da maneira que ele gosta. Ele é direto ou gosta de conversar?

- Quando você quiser dar alguma informação ao seu homem, veja como você pode falar isso de uma maneira que ele possa receber. Que pergunta você poderia fazer? Que comentário você poderia fazer? Pode ser que você faça sexo primeiro, após o qual você tem toda a atenção dele por cerca de 10 minutos!

"Há momentos na vida em que seu parceiro talvez queira ficar com raiva ou frustrado. Deixe-o curtir isso."

Simone

CAPÍTULO 17

E se possibilidades diferentes estiverem disponíveis?

Simone

Algo que acontece muito com as mulheres é a necessidade de odiar os homens, quer elas tenham ou não um na vida. Quando ouço essas histórias em que o marido é uma pessoa horrível, muitas vezes me pergunto por que elas estão com esses homens se são tão horríveis. Mesmo que seu relacionamento terminou ou você se divorciou, não precisa ficar brava e com raiva. E se você fizesse isso de uma maneira diferente, em vez de trauma e drama?

Quando olho para os homens do mundo, vejo bondade e generosidade de espírito que não reconhecemos. Ao mesmo tempo, há confusão sobre o papel deles.

A maioria das mulheres que conheço quer sair e conquistar o mundo e muitos homens adoram cuidar de todos. E se diferentes possibilidades estiverem disponíveis? E se as mulheres não forem destinadas a ficar em casa limpando a casa, cozinhando e lavando a roupa? E se não nos tratássemos como se um homem fosse feito para fazer certas coisas e uma mulher para fazer apenas certas coisas? E se realmente honrássemos um ao outro e fizéssemos perguntas à pessoa com quem escolhemos nos relacionar? Descubra o que a faz feliz e o que ela gostaria de escolher.

Anos atrás, eu costumava dizer aos meus amigos: "Se algum dia eu acabar ficando com alguém, ele terá que ficar bem comigo dizendo: 'Tchau, querido, estou indo, voltarei em uma semana ou quatro'", porque sempre desejei continuar viajando pelo mundo, conhecendo mais pessoas e mudando a vida de pessoas pelo caminho. Então, se eu desejasse encontrar alguém, ele teria que concordar com isso. Lembro-me de um amigo dizendo: "Simone, você precisa de um capacho". Esse comentário ficou preso em mim por um tempo porque me perguntei se estava sendo cruel.

O que agora percebo é que você está sendo cruel com seu parceiro se desistir de você. Você está sendo cruel se não estiver disposta a ser tudo o que pode ser todos os dias e desejar a mesma coisa para o seu parceiro.

E se você pudesse ter mais de um homem em sua vida? (*Não* é o que você pensa! Deixe-me dar mais informações sobre isso.)

Existem cerca de cinco homens na minha vida que são uma contribuição importante para mim. Brendon é aquele com quem eu escolho viver, viajar e fazer sexo. É divertido tê-lo por perto e ele faz refeições incríveis. Estamos criando algumas coisas fenomenais juntos, incluindo nossa realidade financeira. Realizamos isso fazendo perguntas continuamente sobre o que mais podemos adicionar às nossas vidas. Não temos de fazer tudo juntos; trata-se de ser uma contribuição contínua um para o outro.

Tenho mais quatro amigos do sexo masculino que são importantes contribuições para minha vida de maneiras diferentes. Alguns deles viajam comigo quando o Brendon está por perto e também quando o Brendon não está por perto. Temos uma comunhão e uma amizade que são inestimáveis para mim.

Eu nunca consideraria excluir outros homens da minha vida com base no meu relacionamento com o Brendon. No entanto, vejo pessoas fazendo isso o tempo todo. Elas acham que precisam estar exclusivamente com uma pessoa. Para a maioria das pessoas, no momento em que começam a excluir no relacionamento, chegam a uma conclusão e limitação do que podem ser.

Não estou dizendo que saio e faço sexo com outros homens, na verdade não escolho. Todos os dias, quando me pergunto com quem gostaria de fazer sexo hoje, é sempre com o Brendon. É uma escolha para mim e não se baseia em necessidade.

Tenho diferentes homens na minha vida com quem adoro jantar ou tomar um copo de vinho e conversar sobre criação. Eles são alguns dos homens mais incrivelmente criativos, inteligentes e perspicazes do planeta que estão envolvidos em diferentes áreas da minha vida e dos meus negócios e são uma contribuição para o meu crescimento. Minha disposição em receber de todos eles cria mais na minha vida e no meu viver.

Ser uma mulher, mesmo sendo forte e dinâmica como eu, não significa que não permitirei que os homens me tratem como uma dama. Um dos aspectos favoritos de ter tantos homens gentis e generosos na minha vida é que eles me tratam como uma dama. Seja abrindo a porta de um carro ou segurando a cadeira para mim em um restaurante. Um deles me enviou mais flores do que Brendon enviou! Isso não significa nada.

Nem sempre achei fácil receber de pessoas que desejam contribuir comigo. Lembro-me de estar em um voo com um amigo e lutando para pegar uma mala no compartimento superior do avião.

Ele disse: "Simone, você percebe que, se me pedir ajuda, eu moveria montanhas por você?"

Se você é alguém extremamente independente, talvez seja necessário um certo nível de vulnerabilidade para pedir contribuição. Quando você pede, o que aparece no mundo das pessoas e no seu mundo é muito maior do que você jamais poderia imaginar.

O DESEJO POR ESPAÇO

Brendon

Para poder ter um relacionamento consciente, você requer três coisas:

1. Que o parceiro contribua monetariamente ou de alguma outra maneira, como eu, que cozinho para a Simone todas as noites;

2. Que seja bom na cama;

3. Que deixe a outra pessoa fazer o que quer que ela queira.

Muitos relacionamentos são baseados em controle. Tudo diz respeito a ele deve fazer a, b, c e eu farei x, y, z. Se você estiver procurando apenas por uma ferramenta que crie um relacionamento mais grandioso para você, deixe seu parceiro fazer o que quiser, quando quiser.

Algumas pessoas podem achar isso aterrorizante. É realmente bastante libertador.

Até mesmo a simples ferramenta de dar espaço ao seu parceiro, que mencionei antes, criará um relacionamento mais grandioso para você. Ocasionalmente, Simone ou eu podemos ir dormir lá embaixo no quarto de hóspedes, somente porque precisamos de espaço como um ser.

Reconheça quando você precisa de espaço ou quando seu parceiro requer e não se faça de errada. Você terá um relacionamento mais longo e mais feliz se estiver disposta a permitir que o outro tenha espaço e escolha. Dar escolha ao seu parceiro é uma das coisas mais valiosas que poderia fazer. Você dá escolha a ele e adivinha? Ele não quer ir embora.

Se alguém precisa de espaço é simplesmente a

escolha dele, e isso não significa que você tenha feito algo errado ou tenha sido um mau parceiro no relacionamento. Houve uma ocasião em que a Simone quis ter a casa só para ela, apenas por uma noite. Eu adoro a Simone e imediatamente olhei para o que eu poderia fazer para criar isso. Então, Nash e eu fomos acampar. Ficamos dois ou três dias fora e nos divertimos muito. Na maioria dos relacionamentos, se alguém pede espaço, isso é considerado um problema e significa que agora precisam sentar e resolver as coisas.

CIÚMES É UMA DISTRAÇÃO

Simone

Uma noite, não muito tempo depois que ficamos juntos, Brendon e eu estávamos assistindo a um filme juntos e Cameron Diaz estava nele. Não me lembro do filme, mas me lembro de dizer: "Ela não é gostosa? Olhe para as pernas dela". Brendon apenas olhou para mim sem dizer nada. Descobri que, em seu relacionamento anterior, ele não podia falar de outra mulher sem que isso levasse a uma briga. Se o Brendon olhasse de lado para uma mulher, a namorada dele o acusaria de querer traí-la e berraria e gritaria com ele. Houve inúmeras ocasiões em que ela o acusou de traí-la, mesmo sem ele nunca a ter traído. Ele nem podia assistir a um filme e parecer estar desejando outra mulher, porque haveria a Terceira Guerra Mundial.

Levei um bom tempo para convencer o Brendon de que não estava tentando enganá-lo ou armar nada para ele. O ciúme não é real, é uma distração.

Esteja ciente se o ciúme surgir, você terá a chance de destruir e descriá-lo e mudá-lo naquele exato momento. Agora que o Brendon está viajando pelo mundo, há cada vez mais mulheres que o conhecem e falam como ele é maravilhoso e atraente. E estou muito grata que as pessoas vejam o Brendon que eu vejo todos os dias. Sou grata que o mundo o tenha também.

Ferramentas do capítulo 17

- Mesmo que você se considere uma mulher forte e dinâmica, seja vulnerável e permita os homens bondosos e atenciosos em sua vida a tratem como uma dama.

- Reconheça quando requer espaço ou quando seu parceiro requer e não se faça de errada.

"Uma ferramenta que criará um relacionamento mais grandioso para você é deixar que o seu parceiro faça o que quiser, quando quiser."

Brendon

CAPÍTULO 18

Ainda não terminamos?

Simone

Nesta altura, você já deve ter percebido que tenho uma perspectiva diferente. Para mim, relacionamento diz respeito a duas pessoas diferentes que escolheram ficar juntas por um tempo para criarem algo que é muito maior do que cada uma delas poderia criar sozinha.

Quando essa é a base para ficarmos juntos, é fácil reconhecer se o relacionamento acabou. Isso tira toda a perturbação e angústia dos rompimentos. Infelizmente, existem muitas pesquisas que mostram que as pessoas preferem estar em um relacionamento infeliz a ficar sem um. Isso nunca fez muito sentido para mim, porque, se eu não quisesse mais estar com alguém, por que eu iria querer manter um relacionamento com ele? Quando eu era mais jovem, eu realmente tinha boas amizades com meus ex-namorados. Não terminamos no trauma e no drama; era mais uma sensação de seguir em frente. Sempre havia gentileza um com o outro.

Terminar um casamento ou relacionamento não precisa ser prejudicial para nenhuma das partes. E se você comprasse uma garrafa de champanhe e dissesse: "Ei, você sabe de uma coisa? Isso foi ótimo..."

Brendon

Toca aqui!

Simone

Sim, toca aqui! E "Nós fizemos o que viemos para fazer juntos neste planeta? Sim? Muito obrigado. Vamos continuar".

Muitas pessoas mantêm um relacionamento porque procuram segurança e proteção. Um relacionamento não é garantia e não é seguro. Com quantas pessoas você se relacionou no passado com quem não tem mais um relacionamento agora? Então, quão seguro era o relacionamento?

A maioria das pessoas espera até começarem a brigar. Ou eles esperam a outra pessoa sair. É realmente raro duas pessoas reconhecerem simultaneamente que o relacionamento não está funcionando, mesmo assim tenho amigos que fizeram exatamente isso. Eles escolheram se divorciar e passaram pelo processo com tanta facilidade que isso contribuiu para eles e seus filhos. Mesmo havendo momentos em que as coisas não são fáceis, eles continuam se apoiando na criação de vidas fenomenais. Eles compartilham a paternidade e, se precisarem alterar o cronograma ou ajustá-lo, o farão sem precisar brigar. Meu amigo diz: "Mudança não é perda. Mudança também pode ser criação".

Brendon

Se você está em um relacionamento que está terminando e está se divorciando, não precisa ter todo o trauma e drama de sempre, mesmo que isso seja o que é projetado em você.

Logo depois de eu ter saído de um longo relacionamento, um amigo me disse: "Você vai superar isso. Levará apenas alguns anos".

Eu comprei esse ponto de vista com unhas e dentes. Curiosamente, levei alguns anos para superar o meu relacionamento na época. Se eu tivesse sido pragmático, teria reconhecido que simplesmente não queria mais estar em um relacionamento; em vez disso, criei tristeza e aborrecimento por ele ter acabado.

É o mesmo com uma separação em um casamento. As pessoas lhe dirão: "É assim que deve ser. Vai doer por esse período de tempo. Você terá que passar por isso. Isso vai acontecer". Quando você compra o ponto de vista de alguém como verdadeiro e real para você, é exatamente isso que você criará.

Simone

Se seu relacionamento não estiver funcionando para você, observe o que tem que mudar para que *funcione* para você. Dê a si mesmo algum espaço, quer seja passear na praia ou na floresta. Veja quais oito coisas a outra pessoa teria que mudar para que seu relacionamento se baseasse em bondade, cuidado, carinho, tolerância, escolha e possibilidade.

Escreva essas oito coisas. Não coloque na geladeira, não conte ao seu parceiro ou exija que ele ou ela mude para se adequar a você! Isso é para que você tenha clareza sobre o relacionamento que deseja.

Agora observe essas oito coisas que você escreveu. Seu parceiro pode cumprir isso? Isso é realmente possível, ou seria como pedir a um leopardo para mudar suas manchas? Pode haver cinco coisas dessas oito, ou uma coisa, ou oito de oito que podem ser alteradas. Seja brutalmente honesto e, se seis coisas puderem ser mudadas e as outras duas não, isso funcionará para você? Se você tem filhos, leve-os em consideração também.

Eu vejo tantas pessoas que já decidiram que devem permanecer juntas, infelizes, pelo resto de suas vidas. Com essa conclusão, elas estão matando suas possibilidades futuras. Se você está fazendo isso, está criando uma vida limitada e contrativa, em vez de um futuro expansivo, porque na verdade você pode se separar e se casar novamente em cinco anos – tudo poderia acontecer.

Brendon

Se você tem um relacionamento que não é mais divertido, isso não significa que você deve descartá-lo. As pessoas costumam dizer: "Bem, esse relacionamento não está funcionando; ele não está fazendo o que eu quero, ou ela não está fazendo o que eu quero, então vou jogar fora".

Todas as manhãs, dedique algum tempo para destruir e descriar seu relacionamento com sua esposa ou namorada, para começar o dia com uma lousa limpa e com a menor quantidade de bagagem.

Além disso, pergunte a si mesmo todos os dias: "Desejo estar nesse relacionamento?" Se você receber "Não", isso não significa que você deve terminar o relacionamento e ir embora. Faça mais perguntas: "O que se requer para mudar isso?" e "Desejo mudar isso?"

Seja honesto e vulnerável consigo mesmo, porque um relacionamento é algo que você cria diariamente. Se vocês estiverem dispostos a não ter expectativas nem projeções um do outro, seu relacionamento ficará mil vezes melhor. Apenas esse pedacinho de informação criará mudanças dramáticas, porque vejo tantas pessoas tendo expectativas e projeções de si mesmas no relacionamento e entre si.

Apenas para dar um exemplo pequeno: a Simone não espera de mim gestos românticos como mandar flores para ela, jamais. Este ano, no dia dos namorados, eu estava na Austrália e ela estava em Denver, Colorado. Enviei a ela um enorme buquê de flores apenas por diversão. Ela simplesmente adorou. Eu não estava tentando provar nada. No entanto, quantas pessoas agem como se precisassem provar seu amor para que a outra pessoa possa estar segura no relacionamento? Isso não funciona. Se você precisa provar algo em seu relacionamento, então já decidiu que algo está errado.

Muitas vezes, você decidiu que está errado ou que a outra pessoa está errada, o que na verdade é apenas um julgamento. O julgamento é um dos assassinos de relacionamento. Eu não conseguiria me relacionar com alguém que me julgasse e me fizesse de errado. A Simone provavelmente diria a mesma coisa.

Ferramentas do capítulo 18

- Todos os dias, pergunte a si mesmo: "Desejo estar nesse relacionamento?" Se você receber "Não", isso não significa que você deve sair do relacionamento. Faça mais perguntas: "O que é necessário para mudar isso?" e "Desejo mudar isso?"

- Não ter expectativas ou projeções um do outro fará seu relacionamento mil vezes melhor! Experimente e veja o que aparece.

*"Terminar um casamento
ou relacionamento não
precisa ser prejudicial para
nenhuma das partes."*

Simone

CAPÍTULO 19

E agora começamos...

Brendon

Você já teve alguém em sua vida de quem desejava se aproximar e, não importava o que você fizesse, não conseguia? Você poderia ficar bem próximo dessa pessoa e não mais do que isso?

Esse é um cenário bastante comum em todas as áreas da vida, não apenas nos relacionamentos. O que fazemos é criar uma distância confortável entre nós e todos os demais. Mantemos essa distância segura porque decidimos que, caso contrário, não teríamos senso de nós mesmos ou todos saberiam nossos segredos e isso seria uma coisa ruim.

Quando comecei a facilitar os cursos Escolha de Possibilidades do Access em todo o mundo, finalmente percebi o que Gary quis dizer quando falou: "Você não será mais capaz de ter segredos".

Para facilitar esse cursos, tive que baixar todas as minhas barreiras e ser totalmente vulnerável.

Não era assim que eu vivia minha vida. No passado, usava a distância como uma maneira de criar separação nos meus relacionamentos. Ou eu criava uma distância confortável com alguém, ou eles criavam uma distância confortável comigo e nós dois a mantínhamos.

É como sempre ter a porta dos fundos aberta, para que você possa fugir deles ou sair do relacionamento a qualquer momento. Você nunca se compromete totalmente com a outra pessoa. Se você nunca se compromete com o outro, nunca se compromete com você e nunca se compromete com sua vida.

Distância confortável não é lógica ou linear. Não é algo cognitivo ou óbvio. Portanto, se você sentir que está criando uma distância confortável entre você e alguém ou alguma coisa, por favor comece a fazer perguntas sobre isso. O propósito de fazer perguntas é ganhar conscientização para que você possa mudar o que estiver acontecendo; não é para obter uma resposta.

O que percebi foi que havia usado a distância confortável para que não tivesse que me mostrar ao mundo. Eu me mostrava um pouquinho, mas mantinha a maior parte de mim escondida. Eu estava escondendo tudo do que realmente sou capaz, para que as outras pessoas não me julgassem ou pensassem que eu era louco.

Você tem mantido uma distância confortável entre você e seu parceiro ou entre você e seu negócio?

Você criou uma distância confortável entre você e o dinheiro? Tomamos tantas decisões sobre o que significa ter muito dinheiro: que teremos que doá-lo, ou que não saberíamos o que fazer com ele. Essas são as maneiras pelas quais criamos a distância confortável entre nós e o dinheiro que dizemos desejar ter.

CAOS E A AVENTURA DE VIVER

Simone

Gostaria de fazer uma pergunta a você que talvez nunca tenha considerado antes: *e se cada momento que você passa em seu relacionamento fosse uma escolha?* Seria como sair de férias, em que nada é planejado e não há ordem para o seu dia. Você simplesmente acorda todas as manhãs e escolhe se divertir e ter a aventura de viver. É assim que é quando você funciona a partir do caos em sua vida e em seu relacionamento.

Nós mal identificamos o caos como uma coisa ruim e ordem como uma coisa boa. Na realidade, o caos cria um relacionamento que está sempre em expansão, nunca contrativo e sempre criando possibilidades mais grandiosas a cada escolha que você faz.

Todos nós já vimos relacionamentos em que tudo se baseia em trauma e drama, gritos e berros, confusão e chateação. Isso é estrago; isso não é caos.

O caos é a energia criativa de todas as possibilidades. Caos é pergunta. O caos cria um relacionamento que está sempre presentando infinitas escolhas e infinitas possibilidades. Quer seja solteiro ou casado, quer pense que deseja sair de um relacionamento ou entrar em um relacionamento, quer pense que queira ser gay ou heterossexual, instilar o caos fará com que consiga escolha verdadeira.

Você *não* precisa ser igual a todo mundo.

O relacionamento que funcionará para você não é necessariamente o relacionamento de seus pais. Não é o relacionamento do seu melhor amigo. O relacionamento que funciona para você é aquele que você escolhe e se estiver disposto a instilar o caos será mais grandioso.

Não é difícil instilar o caos. Tudo o que você precisa fazer é pedir por isso. Aqui estão alguns exemplos:

- Quanto caos eu teria que instilar para ter escolhas além desta realidade?

- Como seria se eu instilasse caos no meu relacionamento?

- Que caos eu posso instilar para criar sexo que expande minha vida?

Se você está disposto a instilar caos, não saberá o que irá acontecer a seguir. Seu relacionamento não será mais ordenado, automático e previsível, o que é tão chato de qualquer maneira.

Fomos ensinados a viver uma vida ordenada, onde fazemos o possível para nos encaixar e tentamos não nos destacar muito. Ordem é tentar resolver tudo. Por exemplo, você já teve a experiência de ver alguém do outro lado de uma sala lotada e teve um desejo irresistível de falar com essa pessoa? Se você não conseguir se segurar para falar com alguém, meu melhor conselho é: corra. Corra, porque você já começou a instilar a ordem de como deve ser o seu relacionamento antes mesmo de trocar duas palavras com ele. Quando você ordena que tudo tem que ser de certa maneira, impede que seu relacionamento mude. Você limita as possibilidades que podem aparecer, porque ordem não tem nada a ver com criação.

Ordem é permanecer juntos "até que a morte os separe". Ordem é planejar tudo em sua vida até o enésimo grau. No sexo, ordem é a ideia de que ele deve fazer isso, ela deve fazer aquilo. Ou: é quarta-feira à noite, hora do sexo, em vez de fazer sexo sempre que for divertido fazer sexo.

A ordem da família geralmente é o lugar onde você é definido e limitado, porque quantas famílias incentivam a ser mais grandioso? Não vejo muitas famílias encorajadoras e entusiasmadas por você ser você. Geralmente, a família quer enfiá-lo em uma caixa, em vez de incentivá-lo a ser o caos de você.

E se o caos colocar a alegria de volta no relacionamento? E se o caos colocar a alegria de volta no sexo? E se toda a diversão pela qual você vem esperando que sua vida pudesse ser estivesse incorporada no caos que é realmente sua verdadeira possibilidade?

O caos não está certo e a ordem não está errada. O que é requerido é coerência entre ordem e caos, para que você tenha uma sensação de facilidade e possibilidade com tudo na vida, incluindo o relacionamento.

BRINCANDO CONTINUAMENTE COM POSSIBILIDADES

Simone

O maior presente que você pode dar à pessoa com quem está se relacionando é a escolha.

Há um ou dois anos, percebi que queria morar na Europa por cerca de seis meses. Quando conversei com o Brendon sobre isso, ele disse meio que brincando: "Sim, e você ainda vai contribuir com a hipoteca?"

Brendon não tentou me segurar ou disse: "Você não pode ir para a Europa porque está em um relacionamento comigo e eu tenho que ficar na Austrália". Se eu desejasse morar na Europa, ele estava receptivo a que eu fosse.

Também não se tratava de terminarmos. Ou que eu tivesse de escolher entre ficar com Brendon e Nash ou ir para a Europa por alguns meses. Com que frequência você vê as pessoas fazerem suas escolhas com base na resistência umas às outras? Bem do tipo isso por aquilo: "Bem, você fez isso, então agora eu vou fazer aquilo".

Toda escolha que Brendon e eu fazemos é uma honra a nós mesmos e ao outro. No Access, é chamado de funcionar a partir do Reino de Nós. Olhamos para cada escolha e o que isso criará em nosso relacionamento. Eu até faço uma pergunta como: "Se eu escolher isso, como será nosso relacionamento?"

Eu nunca faria uma escolha *contra* o Brendon. O Reino de Nós é como você inclui outras pessoas ao seu redor e também escolhe para você. Você não elimina a você ou o que deseja, o que muitas pessoas parecem fazer no relacionamento. Você tem escolha e vulnerabilidade contínuas, para poder ser tão grandioso quanto você é e a outra pessoa poder ser tão grandiosa quanto ela é.

Bem, ainda não fui morar na Europa. Isso levou a algumas diferentes discussões sobre o nosso futuro. Brincamos continuamente com diferentes possibilidades. Estamos investindo em um magnífico castelo antigo na Itália que está sendo restaurado e transformado em um luxuoso hotel boutique. Talvez daqui a alguns anos consigamos um lugar na Espanha ou no sul da França. Quem sabe como isso vai aparecer? Quando você se permite a verdadeira escolha, sempre criará mais para você e o seu relacionamento, mesmo que pareça que você está arrumando encrenca.

O DESCONFORTO DA CONSCIENTIZAÇÃO

Brendon

Em muitas áreas da vida, *há* momentos em que as coisas ficam desconfortáveis, mesmo assim, diversas vezes, algo muito mais grandioso está logo depois disso. Por experiência, toda vez que eu chegava a um lugar desconfortável do qual, no passado, fugiria, comecei a me perguntar: e se eu apenas ficasse com isso? E se eu continuasse insistindo nisso? Afinal, o que torna confortável uma coisa boa e desconfortável uma coisa ruim? É nosso ponto de vista, porque ambos, bom e mau, são julgamentos.

Na primeira vez em que cofacilitei o curso Escolha de Possibilidade do Access com Gary Douglas em Mumbai, na Índia, fiquei tão desconfortável que estava "suando em bicas", como se diz popularmente. Assim que pude, durante o primeiro intervalo, fui direto para o meu quarto e me servi de uma bebida. Depois de um tempo, acalmei-me o suficiente para usar algumas ferramentas e ter mais clareza. Uma das perguntas que me fiz foi *o que é verdade para mim aqui?* Percebi que eu tinha escolhas diferentes. Eu poderia ir embora ou voltar para o curso e ser eu mesmo. Eu não precisava ser como Gary e não precisava facilitar como o Gary.

Então, depois do intervalo, fui para o curso e fui eu mesmo e tudo ficou mais fácil.

Seja no relacionamento ou em outra área da sua vida, o que você decidiu que é desconfortável demais para você escolher?

Hoje em dia, raramente me sinto confortável. Isso não significa que eu desisto do conforto do meu corpo. Meu corpo gosta de roupas confortáveis e bonitas, boa comida, jet ski etc. Para mim, o ser, sei que, toda vez que me sinto desconfortável, há mais do que isso. É sempre mais grandioso do outro lado.

Eu poderia dizer um milhão de coisas sobre isso, porém, quando você ganha esta conscientização sobre você mesmo, terá isso para sempre. Quando você chegar àquele lugar desconfortável que faz você querer dar meia-volta e correr para o outro lado, reconheça essa energia. E se, em vez de dizer "É muito difícil" ou "Estou me cagando", desta vez você estivesse disposto a fazer o que quer que seja desconfortável?

Isso é tudo para ter mais escolha. Quando não há distância confortável entre você e todos os demais, mais escolhas estão disponíveis. Se você quer um relacionamento diferente, precisa escolher algo diferente. Você não pode fazer a mesma coisa todos os dias ou fazer uma pequena mudança e esperar que toda a sua vida seja diferente. Você literalmente tem que fazer escolhas diferentes – e não precisa ser difícil.

NÃO TEM ESSA COISA DE A PESSOA

Simone

Você não precisa ter sorte no amor. Há uma diferença na criação de um relacionamento com base no que você deseja, não no que precisa e requer. Qual é a sua escolha com relacionamento? Cada pessoa tem algo diferente que gostaria de criar na vida. Claro, o que quer que você deseje tem que funcionar para a pessoa com quem você está escolhendo se relacionar. Por exemplo, meu desejo é viajar pelo mundo e facilitar cursos de Access Consciousness. Viajo entre nove e dez meses de cada ano. Às vezes, viajo com o Brendon e, às vezes, viajo sozinha. Meu desejo e exigência de ter as ferramentas de Access no mundo e de ter mais consciência neste planeta é uma enorme prioridade para mim. Se Brendon fosse alguém que dissesse: "Não, eu preciso que você esteja em casa, cuidando de nosso filho ou cozinhando e lavando a roupa", aí nosso relacionamento não funcionaria.

A disparidade do que você deseja tem que criar o relacionamento díspar que você tem. Pode não ser congruente com essa realidade. Quantas pessoas criam um relacionamento como dever – é a caixa em que vivem. Elas escolhem ter filhos, casar, comprar uma casa, ter um cachorro e é isso. Depois elas começam a manter a conclusão que criaram, em vez de criar continuamente o relacionamento. Outra coisa que ocorre para muitas pessoas é que elas criam um relacionamento que é congruente com as projeções que a sociedade faz sobre o que um relacionamento deve ser.

Você não deveria ser feliz quando encontrar "A pessoa" e se casar? Adivinha? Não existe isso de A pessoa! Lembro-me de, anos e anos atrás, ouvir minha mãe falar com alguém sobre mim e dizer: "Ah, ela será feliz quando encontrar A pessoa". Sério! Eu já era uma das pessoas mais felizes que conhecia.

No entanto, quantas pessoas julgam que felicidade significa encontrar A pessoa, ter casamento, filhos, um cachorro e uma casa com uma cerca de madeira? Bem, você pode ter isso como uma escolha, não precisa resistir a isso, mas isso não significa felicidade. Você acordar de manhã e escolher ser feliz é o que cria a felicidade. E se você estivesse disposto a criar seu relacionamento para que ele esteja em constante criação? Essa é a disparidade total de como o relacionamento é feito nesta realidade.

O amor não diz respeito a ter sorte. Na verdade, o amor (love, em inglês) significa Equivalência Vibratória com Oscilação Inferior (Lower Oscillating Vibrating Equivalence). Muitas pessoas criam um ponto em que são altamente criativas, não carentes e, em seguida, encontram alguém que consideram incrível. Depois, elas decidem que é melhor oscilar para a vibração da outra pessoa. E se você pudesse ter duas pessoas se relacionando que estão em constante criação e, mesmo assim, não precisam ser congruentes uma com a outra? Muitas vezes, Brendon e eu estamos em lados opostos do mundo. Ainda assim, estamos em comunhão um com o outro. Nós ainda empoderamos uma ao outro a escolher tudo o que a outra pessoa possivelmente desejaria escolher e mais.

É um lugar constante de gratidão e dos cinco elementos da intimidade.

Brendon

Demos a este livro o título de *Relacionamento: você tem certeza de que quer um?* para que as pessoas olhem para o que é que desejam criar na vida. Nem todo mundo quer um relacionamento; não é algo certo. Se *você* deseja um relacionamento fenomenal, comece a escolher e use todas as ferramentas de que falamos aqui.

A criação começa com escolhas. Com que frequência você ouve alguém dizer: "Não acredito que isso aconteceu comigo?", eu mesmo disse isso. Nada acontece com você, você cria a partir das escolhas que faz. Tudo o que aparece em sua vida é o resultado de suas escolhas.

Uma coisa que você precisa entender é que não há nada de errado com você e não existe uma escolha errada. Eu poderia dizer que faço escolhas erradas o tempo todo e, no entanto, elas não são escolhas erradas porque me dão conscientização. Muitas vezes, as coisas não funcionam da maneira que decidi que deveriam! Isso não faz minha escolha errada. Reconheço: "Uau, isso não funcionou, agora o que posso escolher?" Toda vez que você escolher, terá conscientização da direção em que gostaria que sua vida seguisse.

Então agora: quem eu vou escolher SER?

Tradutor de gênero

Para aqueles que estão interessados em se comunicar com o outro sexo, aqui está um sistema de tradução que você pode achar útil!

IDIOMA DAS MULHERES

Sim = Não

Não = Sim

Talvez = Não

Precisamos = eu quero

Me desculpe = você vai se arrepender

Precisamos conversar = Você está morto

Claro, vá em frente = Se você fizer isso, pagará por isso

Faça o que quiser = Você pagará caro por isso mais tarde

Nós vamos fazer isso = Você vai fazer isso!

Eu não estou chateada = Claro que estou chateada, seu idiota!

Você certamente está atento hoje = Sexo é tudo em que você pensa?

IDIOMA DOS HOMENS

Estou com fome = estou com fome

Estou com sono = estou com sono

Estou cansado = estou cansado

Belo vestido = belo decote!

Eu te amo = vamos fazer sexo agora

Estou entediado = Você gostaria de fazer sexo?

Concede-me esta dança? = Eu gostaria de fazer sexo com você!

Você quer ir ao cinema? = Você gostaria de fazer sexo comigo?

Posso levá-lo para jantar? = Podemos fazer sexo agora?

Eu não acho que esses sapatos combinam com essa roupa = eu sou gay

Esse trecho é do manual do curso Escolha de Possibilidades de Access Consciousness®.

Sobre Simone Milasas

Simone Milasas é uma mulher que sabe como ser mulher, que vê a alegria da possibilidade e do futuro e sabe que existe uma perspectiva de possibilidade em todas as escolhas que você escolher.

Simone trabalhou em diversos setores em todo o mundo. Ela foi dona de empresas, criou-as, gerenciou-as, mudou todas elas com entusiasmo para convidar pessoas para uma possibilidade diferente no mundo.

"Eu cresci com a pergunta: 'Imagine o que você faria se soubesse que não tem como você falhar?' - para mim, não tem como você falhar, o fracasso é apenas o começo de algo novo", diz Simone.

Simone sempre acreditou que tudo é possível e desejou inspirar as pessoas a escolherem tudo o que pudessem.

"A verdadeira liderança é saber para onde você está indo e não permitir que ninguém o pare. Você precisa saber o que deseja criar." Simone é a coordenadora mundial da Access Consciousness, uma empresa em constante expansão em mais de 176 países.

Simone é a autora de ALEGRIA DOS NEGÓCIOS, traduzido para 13 idiomas, e do best-seller SAINDO DAS DÍVIDAS COM ALEGRIA, traduzido para 5 idiomas. Atualmente, ela está trabalhando com Brendon Watt em seu terceiro livro, chamado: Relacionamento: tem certeza de que quer um?

Nesse momento, Simone viaja pelo mundo facilitando seminários com Access Consciousness. Ela também possui inúmeros cursos on-line e está sempre pedindo que mais possibilidades apareçam. Você pode encontrar a Simone toda semana em seu podcast - The Art & Industry of Business & Living, disponível em seu site www.simonemilasas.com e iTunes.

Sobre Brendon Watt

 Brendon Watt é palestrante, empresário, mentor de negócios e de vida. Ele é o CFO australiano de Access Consciousness®, um conjunto de ferramentas simples e profundas, atualmente transformando vidas em 176 países. É também o facilitador de vários programas especiais do Access, incluindo Access Barras®; Pais Conscientes, Filhos Conscientes e Alegria dos Negócios.

Ao crescer, Brendon sempre reconheceu a "diferença" nele, contudo passava o tempo todo tentando se encaixar e ser o mesmo que todo mundo. Depois de décadas de conformidade, ele estava com dificuldade financeira e morando em um pequeno quarto na casa de sua mãe com seu filho de quatro anos. Quando ele descobriu as ferramentas pragmáticas de Access Consciousness®, Brendon fez a escolha de mudar sua vida para melhor. Hoje ele está em um relacionamento feliz, com um portfólio saudável de investimentos e viaja regularmente – compartilhando e facilitando as ferramentas que mudaram sua realidade e empoderando outras pessoas a saber que tudo é possível.

Baseando-se em sua transformação de comerciante em dificuldades e pai solteiro para orador global e CFO, Brendon facilita cursos e *workshops* em todo o mundo, empoderando outras pessoas a saber que não estão erradas, que tudo é possível e que estão apenas a uma escolha da mudança. Encontre mais em www.brendonwatt.com

Para mais em Relacionamento — tem certeza de que quer um?

Há mais possível! Explore o curso on-line de Brendon e Simone no Kajabi, receba novas ferramentas de relacionamento em sua caixa de entrada e crie um Relacionamento Feito Diferente em

www.relationshipareyousureyouwantone.com

Cursos de Relacionamento Feito Diferente são oferecidos em todo o mundo. Encontre um próximo a você

www.relationshipsdonedifferent.com